INIMIGO
INTIMO

ADEILSON SALLES

INIMIGO ÍNTIMO

Como reconhecer sua outra face
e buscar a paz interior

É necessário cuidar de um dia de cada vez, cuidar de cada hora, de cada minuto, pois não temos certeza do momento seguinte.

O autor

Apresentação

Ler este livro foi como fechar os meus olhos e escutar uma boa prosa. Em vez de termos complexos e inacessíveis, encontrei uma visita sincera e importante a vários pedacinhos de minha alma, a vários inimigos íntimos. Foi como escutar Adeilson falando diretamente ao meu coração, com metáforas poderosas que acabaram por povoar o meu dia, trazendo reflexões salutares.

Que o leitor possa se preparar para o poder que agora porta em suas mãos! Por muito tempo nos deixamos levar pela ideia de que a origem de nossos problemas está nos fatos da vida, ou nos outros. Bem, não mais! Trazendo o foco para a superação de nossas próprias limitações, o autor faz um excelente trabalho em visitar lugares íntimos que frequentemente evitamos.

Este é um livro para aqueles que têm a coragem de visitar e revisitar aquilo que precisa ser mudado dentro de si.

Não tenho dúvidas que escrever esse livro foi um ato de amor.

Para você, espero que ao lê-lo também seja.

Dr. Rodrigo Scalia
Psiquiatra - Mestre em Ciências da Saúde

Prefácio

*Se eu pudesse definir a
psicanálise em uma única
palavra, esta, incontestavelmente,
seria o inconsciente.*

Sigmund Freud

Inimigo Íntimo traz, em linguagem simples, própria de quem tem na sua essência a alma que se comunica com outra alma, desvendando sem aparente pretensão alguns dos mistérios do inconsciente humano, tão necessitado de se manifestar, seja por lapso, sonhos, livros...

Pude "partejar" como o nobre amigo, Adeilson Salles, o seu despertar de consciência de autor, também psicanalítico, que inconscientemente já se manifestava em inúmeras de suas obras publicadas – algumas delas tive a felicidade de ler e levar para a vida na clínica psicanalítica. Após, apenas, três meses da observação que fizera ao amigo, sobre a sua veia "psi", me é apresentada a obra *Inimigo Íntimo*, e percebo que nasce, desta vez, de forma mais consciente, um escritor mais livre no conteúdo terapêutico, ávido por penetrar no imenso universo do inconsciente, trazendo também, à baila, o olhar mais psicológico quando aborda o comportamento humano.

Neste livro, veremos um autor de vasto repertório, que com muita fluidez se utilizou da leveza da poesia, da profundidade da filosofia, da filosofia metafísica transcendental e de conteúdos psíquicos, todos eles muito bem irmanados, tais quais numa grande orquestra, conduzindo o leitor com ritmo, letra e, porque não dizer, com a melodia das emoções humanas.

Com muito cuidado e sabedoria, de quem tem o dom da escrita e sabe que o possui, cultivando-o com tanta dignidade, levando ao outro lenitivos em suas asfixias emocionais; de quem compreendeu, que não mais devemos eligir altares de pedras, mas cultivar no outro sementes com a luz do conhecimento, do acolhimento, contribuindo na construção do saber daqueles que, assim como eu, têm a feliz oportunidade de encontrar em linhas cuidadosamente escritas, trazendo importantes recortes de grandes pensadores interessados na alma e na mente humana.

Uma honra que em muitos momentos me comoveu prefaciar o livro deste que é um dos meus autores de cabeceira, e para mim já é um grande psicanalista, e em breve oficialmente habilitado a exercer este ofício tão honrado. *Inimigo Íntimo* é, certamente, o primeiro de uma grande série de livros nesta área.

Vamos encontrar nesta obra muitos elementos psíquicos: repetições de padrões de comportamento, ansiedade, frustração, medos (conscientes e inconscientes), realidade psíquica, realidade objetiva... Todos escritos de forma intuitiva, no sentido de quem ainda não era, efetivamente, um cursista da psicanálise; de quem observa a vida com a profundeza que ela merece na perspectiva do artista literário, do filósofo, do ser que é o Adeilson Salles.

A quem é recomendada esta leitura? A todos que se interessam por bem mais compreender e dialogar com o seu inimigo íntimo, de forma leve e profunda.

E você, caro leitor, algum dia já pensou em conversar com o seu ou apenas com aqueles a quem compreende que são inimigos externos, não íntimos?

Eryka Albuquerque

Psicanalista, Esp. em Coordenação Pedagógica,
Coordenadora Pedagógica da Escola
de Psicanálise Caruaru

*Gratidão a
Eryka Albuquerque,
por me apresentar
a psicanálise.*

*E, tendo dito isto,
clamou com grande voz:
Lázaro, sai para fora.
E o defunto saiu, tendo as mãos
e os pés ligados com faixas,
e o seu rosto envolto num lenço.
Disse-lhes Jesus:
Desligai-o, e deixai-o ir.*

João: 11,4-44

*Necessitamos sair do
sepulcro da mágoa,
da tristeza, da desesperança
e de tantos outros sentimentos
que nos sepultam em vida.*

O autor

Sumário

Algumas Palavras 19

Inimigo Íntimo 23

A arte de ser feliz 29

PRIMEIRA PARTE
Sentimentos e comportamentos que asfixiam a alma

1 Desajustes emocionais 33

2 Ansiedade 36

3 Medo 39

4 Mundo Real 42

5 Medo do mundo 45

6 Expectativas 50

7 Medo de gente 54

8 Insegurança 58

9 Contágio emocional 62

10 Ociosidade 66

11 Suposições 72

12 Queixas 77

13 Irritação 81

14 MEDO DE MORRER 86

15 SEPARAÇÕES 90

16 PENSAMENTOS NEGATIVOS 96

SEGUNDA PARTE
SENTIMENTOS E COMPORTAMENTOS QUE RESGATAM A ALMA

17 EQUILÍBRIO EMOCIONAL 102

18 SERENIDADE 108

19 CORAGEM 113

20 ALTERIDADE 118

21 HUMILDADE 124

22 GRATIDÃO 130

23 ALQUIMISTAS 136

24 MUDANÇAS 141

25 CONVIVÊNCIA 148

26 SOLIDÃO 154

27 SILÊNCIO E PACIÊNCIA 159

28 OLHOS DE VER 167

29 VIDA E TEMPO 176

30 RECOMEÇOS 183

Algumas
Palavras

Escrever acerca do comportamento humano e dos escaninhos da mente sempre me dá muito prazer, além das descobertas que faço.

É algo natural em mim já que, diariamente, faz algum tempo, posto nas redes sociais mensagens sobre a luta dos homens em administrar o que se passa em seus corações.

Há alguns anos escrevi um livro de pequenas mensagens chamado "Psiu", que alcançou grande vendagem, e ainda hoje é muito procurado.

E foi esse trabalho que chegou às mãos de uma psicanalista, hoje amiga, a querida Eryka Albuquerque, dedicada psicoterapeuta em terras pernambucanas.

Certa noite, após uma palestra, a amiga psicanalista me indagou se eu nunca havia considerado a possibilidade de estudar psicanálise, já que segundo ela, sou um psicanalista nato.

A princípio tomei um susto, porque tal possibilidade nunca tinha sido cogitada em minha vida.

Às vezes, é preciso que alguém venha nos despertar com sua visão mais acurada sobre nós, para que possamos reavaliar nossos caminhos.

Ela me disse que alguns livros que eu havia escrito eram seus auxiliares imediatos na vida de consultório.

Então, agraciou-me com um generoso convite para que eu fizesse parte do corpo de estudantes do Instituto de Psicanálise de Caruaru – PE, o que aceitei de imediato e me formei em Psicanálise.

Evidentemente, que esse nosso novo trabalho literário vem com todas as cores de um psicanalista.

Inimigo Íntimo é um projeto desafiador, pois sua proposta é fazer com que o leitor descubra em si as grandes barreiras emocionais que o levam a abandonar sonhos, a sabotar a própria vida.

Este livro é fruto de nossas observações da renhida luta que o homem trava consigo mesmo para viver em plenitude.

Buscamos alhures os inimigos da nossa felicidade, quando eles se encontram entrincheirados em nossas escolhas menos felizes.

Procuramos no mundo as razões para nossa felicidade ou desdita, quando tudo se processa na intimidade do nosso ser.

O caminho para o grande encontro com a paz e a alegria de viver passa pelos nossos corações, por dentro da nossa alma. Temos desertos interiores para atravessar, jornadas árduas a percorrer na imensidão do que somos.

A conquista emocional de si mesmo, por meio da educação das nossas emoções e sentimentos, é a emancipação do nosso ser a caminho da sua realização.

Não me refiro à *santificação* humana, falo da habilidade em lidar com a nossa humanidade sem o chicote da culpa e do remorso.

Não existem inimigos exteriores, nem demônios a serem derrotados, uma vez que a resposta está dentro de nós.

Desejo te apresentar a você mesmo nas páginas a seguir.

Sem a pretensão de aviar receitas miraculosas e salvadoras, ouçamos o que um sábio da antiguidade há muito nos diz:

Conhece-te a ti mesmo – Sócrates

Adeilson Salles

Inimigo Íntimo

Muitos males emocionais desses tempos modernos levam a criatura humana a experimentar uma espécie de asfixia psíquica.

O homem moderno vai represando emoções mal administradas, as contrariedades, e com o passar do tempo o frágil *dique emocional* rompe-se, e a pessoa é pega de surpresa se afogando na inundação promovida pelo medo.

Alguns estudiosos da área do comportamento humano afirmam que muitas distonias emocionais levam as pessoas a sentirem medo do medo.

O inimigo surge inesperadamente, e a pessoa tem vontade de fugir. Mas fugir para onde, se a asfixia se dá de dentro para fora?

Certas enfermidades emocionais promovem uma espécie de *afogamento interior*.

A alma vai se afogando no desespero e no pânico, na insegurança, no medo de morrer, no medo de viver, no medo de tudo.

O *afogado* não percebe, e quando dá por si a água já está batendo abaixo do nariz, e o pânico se instala.

Muitos especialistas afirmam que a ansiedade é fator preponderante na elevação do nível de estresse. Mas será que é só isso? Não existirão outros fatores psíquicos emocionais desarmonizados, maturados ao longo do tempo?

Por que atualmente as pessoas são tão ansiosas?

Ao fazermos uma analogia desse recorte com alguém que se afoga no mar e alguém com graves desajustes emocionais instalados observamos que o "afogamento psíquico" traz o mesmo desespero: a pessoa tem vontade de se agarrar em algo, mas no quê? O desespero a arrebata.

Para salvar a vida de alguém que se afoga no mar é preciso muito condicionamento físico e emocional, caso contrário, o socorrista pode sucumbir com a vítima. Para auxiliar alguém que enfrente esse processo invisível de asfixia emocional é, igualmente, necessário preparo – mínimo de paciência, carinho, boa vontade e acima de tudo compreensão.

A pessoa que passa por tal luta íntima deseja apenas fazer cessar o medo, que na maioria das vezes ela não identifica de onde vem.

Um processo como esse não se instala da noite para o dia, e são vários os fatores que contribuem para a eclosão dessas crises ao longo do tempo.

Conversar sobre alguns desses aspectos é a nossa proposta nessas páginas simples e despretensiosas.

Na primeira parte deste livro falaremos dos sentimentos e comportamentos mórbidos que terminam por provocar o afogamento do ser no mar das próprias emoções, levando o homem a experimentar a asfixia de alma.

Na segunda parte, trataremos dos aspectos profiláticos e de equilíbrio para evitar as enfermidades emocionais.

Sentir crescer dentro de si esse *Inimigo Íntimo* e não ter forças para reagir é realmente apavorante. Então, vamos juntos identificar alguns sentimentos nobres e valores construtivos, aqueles que podem nos ajudar na transformação íntima.

Para superar um inimigo tão íntimo é preciso conhecê-lo, por isso proponho uma avaliação sincera de nós mesmos, após a leitura destas páginas.

O inimigo está dentro de nós, reside em nossa intimidade e circula com liberdade à medida que lhe damos força, ou seja, quando alimentamos nossos medos.

Vamos identificá-lo e enfraquecê-lo, pois o medo reina onde a ignorância predomina.

Nessas páginas não encontraremos receitas prontas, nem miraculosas, pois só passamos dos estados mórbidos para estados mais felizes com grande esforço próprio.

Embora existam tratamentos alopáticos, que devam ser seguidos, assim também o imprescindível apoio de profissionais da área do comportamento para reequilibrar o quimismo cerebral e o metabolismo, a *cura* se dá na intimidade de cada ser, por vontade própria. É necessário se predispor à renovação de conceitos e modo de vida, sem isso, toda medida é paliativa.

Sendo a síndrome do pânico, a depressão e outros males emocionais o grito de medo do homem moderno, que se faça luz pelo conhecimento de si mesmo e pela autoeducação.

Lancemos a *boia salva-vidas* do amor e do conhecimento para os que se afogam emocionalmente, ignorando que o inimigo da sua paz está alojado na intimidade do próprio ser.

Lançaremos a *boia salva-vidas* dos sentimentos e comportamentos felizes e da mudança de postura, que pode prevenir e retirar dessa situação angustiante.

Adeilson Salles

A ARTE DE
SER FELIZ

Houve um tempo em que minha janela se abria sobre uma cidade que parecia ser feita de giz. Perto da janela havia um pequeno jardim quase seco.

Era uma época de estiagem, de terra esfarelada, e o jardim parecia morto.

Mas todas as manhãs vinha um pobre com um balde e, em silêncio, ia atirando com a mão umas gotas de água sobre as plantas.

Não era uma regra: era uma espécie de aspersão ritual, para que o jardim não morresse.

E eu olhava para as plantas, para o homem, para as gotas de água que caíam de seus dedos magros e meu coração ficava completamente feliz.

Às vezes, abro a janela e encontro o jasmineiro em flor. Outras vezes encontro nuvens espessas. Avisto crianças que vão para a escola.

Pardais que pulam pelo muro.

Gatos que abrem e fecham os olhos, sonhando com pardais.

Borboletas brancas, duas a duas, como refletidas no espelho do ar.

Marimbondos que sempre me parecem personagens de Lope de Vega.

Às vezes, um galo canta. Às vezes, um avião passa. Tudo está certo, no seu lugar, cumprindo o seu destino.

E eu me sinto completamente feliz.

Mas, quando falo dessas pequenas felicidades certas, que estão diante de cada janela, uns dizem que as coisas não existem, outros que só existem diante das minhas janelas, e outros, finalmente, que é preciso aprender a olhar, para vê-las assim.

Cecília Meireles

1ª Parte

Sentimentos e comportamentos que asfixiam a alma

1

Desajustes Emocionais

*Os desajustes emocionais se instalam
quando falta oxigênio para a alma,
e o oxigênio da alma é a serenidade,
a confiança, o discernimento,
a fé e a paz.*

O AUTOR

As crises emocionais sufocam a alma. Perde-se o equilíbrio psíquico e a pessoa fica à deriva, levada pela inundação do desespero.

O medo vai crescendo e, repentinamente, como salteador da nossa paz e do nosso bem-estar, ele nos toma de assalto e nos sequestra silenciosamente.

Na verdade, esse inimigo íntimo nasce lentamente dentro de nós e é alimentado vagarosamente pelas preferências menos felizes e pelo bombardeio das cobranças emocionais que sofremos do mundo exterior.

Já não bastasse as dificuldades em lidar com os nossos relacionamentos interpessoais, ainda temos toda carga emocional mórbida que nos chega do mundo.

Não podemos esquecer das vinculações emocionais inferiores que se ligam a nós quando nos situamos em faixas de perturbação e vício: notícias ruins, sistematicamente repetidas em nossa tela mental, agressividade das pessoas, crimes, competitividade profissional e nos relacionamentos, falta de diálogo, relações frágeis, ausência de afeto etc...

Todos esses fatores e muitos outros têm força suficiente para alimentar o monstro do medo que cresce dentro de nós.

E quando menos esperamos, ele surge de repente, querendo nos levar para "baixo da cama", e nos deixamos levar a fim de escaparmos desse mundo cruel, ou melhor, dessa humanidade desequilibrada da qual fazemos parte.

Vamos acumulando detritos emocionais, poluindo nossa alma, e no momento que desejamos respirar não conseguimos, pois o monstro do medo está coabitando nosso mundo interior.

A princípio, o sentimento de medo parece autodefesa, mas tal qual um ser inteligente que tem vida própria, ele deseja nos isolar, nos afastar do mundo.

Medos matam sonhos, limitam a visão em relação a um horizonte novo para nossas vidas. Sentimentos assim costumam promover verdadeira paralisia de nossas melhores ações.

Depender da aprovação alheia, aguardar infantilmente que a humanidade aprove nossos propósitos são alguns dos comportamentos que nos escravizam a pessoas igualmente frágeis e emocionalmente enfermas.

2

ANSIEDADE

*Um pedaço de pão comido em paz é melhor
do que um banquete comido com ansiedade.*

Esopo

Grande parte da população tem na ansiedade o grande mal de suas vidas, pois as pessoas vivem num futuro abstrato, imponderável e impermanente em detrimento do que de fato é concreto e real.

A ansiedade tem grande contribuição na instalação de doenças emocionais. Trata-se de um dos males que minam, gradativamente, o equilíbrio emocional das pessoas. Ser ansioso é criar expectativas, elaborar situações imaginárias que terminam por excitar a mente invigilante.

Podemos asseverar que todas as expectativas são de nossa responsabilidade.

A ansiedade tem o poder devastador de crescer como poderoso "inimigo íntimo", aumentando cada dia mais, conforme se alimenta das expectativas, que em sua maioria jamais serão atendidas. Trata-se de criações cujo senso é da criatura, por tudo que orbita em seu psiquismo.

Quando a vida diz "não", o monstro interior ganha proporções inimagináveis.

É importante perceber que os "nãos" da vida nos chegam na forma de precioso recurso dentro do processo educativo.

Se todas as nossas expectativas se tornassem realidade, viveríamos de maneira muito mais deseducada do que hoje.

Quando o leitor se sentar para tomar o seu café pela manhã, e comer seu pão com manteiga, é imperioso que de fato se sente e saboreie as delícias de um simples café da manhã.

Não se pode sentar para o café pensando no almoço, não se pode pensar no final de semana, se ainda estamos na segunda-feira, e temos vários dias pela frente para viver com alegria.

É preciso descobrir, inicialmente, as alegrias da segunda-feira, da terça, quarta, quinta...

O ansioso vive num mundo futuro, muito particularmente dele.

Um dia de cada vez, uma hora de cada vez, viva o minuto presente, pois dos próximos ninguém sabe.

3

MEDO

Podemos facilmente perdoar uma criança que tem medo do escuro; a real tragédia da vida é quando os homens têm medo da luz.

PLATÃO

O medo é um monstro que devora sonhos!

Agente que gera males emocionais, o medo também se apresenta de forma camaleônica no psiquismo das criaturas, disfarçado sob a pele de outros sentimentos.

Quanto mais a ignorância se manifesta em nossa postura de vida, e consequentemente em nossas escolhas, mais o medo ganha força dentro de nós.

No asfixiamento da alma, que ocorre no momento de crises emocionais agudas, o pavor toma conta da mente roubando a capacidade de raciocínio.

A única forma de combater o medo de maneira eficaz é fazer luz em nossa vida, e isso se dá no momento em que nos predispomos a reavaliar toda a situação e a imprimir novos e renovados valores em nossa existência.

O talentoso Charles Chaplin convidou-nos a grandes reflexões quando asseverou:

A vida é maravilhosa se não se tem medo dela.

O desconhecido nos assusta, e o nosso mais terrível e desconhecido inimigo somos nós mesmos.

Para combater o medo, o autoconhecimento é fundamental. É necessário mergulhar em si, a fim de se fortalecer para o mundo.

Sentir medo é natural, mas esse sentimento não pode e não deve ganhar forças em nós, a tal ponto de inibir a nossa capacidade de sonhar e raciocinar.

O medo que se manifesta no momento dos nossos desequilíbrios foi, certamente, sendo alimentado durante algum tempo, pelos bombardeios emocionais da exterioridade, seja da mídia ou de pessoas com as quais nos relacionamos.

A insegurança em relação ao sentimento dos outros por nós também deflagra processos delicados de desarmonia emocional, além dos perigosos prejulgamentos, que em tantas situações nos trazem sofrimentos, afastando da nossa vida pessoas que dizemos amar.

Não nos esqueçamos de que nossa mente é uma poderosa "máquina criativa" onde se confundem mundos reais com mundos irreais.

É importante identificar o mundo em que se está vivendo, a fim de que, efetivamente, possa se combater o monstro que mata os sonhos: o medo.

Sem esquecer que são sempre as nossas escolhas que definem tudo.

4

Mundo Real

Cada pessoa enxerga a realidade de acordo com suas preferências e expectativas.

O AUTOR

Onde estiver a nossa preferência ali estará a nossa realidade orbitando.

As pessoas constroem muralhas emocionais a fim de viver dentro delas. Edificam mundos para atender a seus apelos e necessidades.

Moramos em nossos pensamentos e conceitos a respeito da vida.

Dessa forma, existem pessoas que por mais argumentos que se tenha, não serão convencidas, e não se permitirão convencer por outras argumentações e realidades.

Olhar para cada pessoa é como olhar para as galáxias do Universo – são bilhões de estrelas, assim também bilhões de mentes, cada uma orbitando no espaço correspondente às próprias conquistas e preferências. Cada qual com seu variado leque de interpretações acerca do mesmo assunto, ainda que os conceitos de ética e moral devam nortear a vida de cada um, pautados no princípio elementar daquele profeta psicólogo, Jesus Cristo:

Fazer aos outros o que desejamos que os outros nos façam.

A grande maioria simplesmente não se importa, pois ainda transita na faixa egoística:

Primeiro eu, depois eu, e a seguir eu.

Devemos despertar para a grande realidade da vida em família, em sociedade.

As muralhas que muitos edificam, individualizando a própria vida em demasia, tendem a ruir, pois somos seres emocionais gregários e necessitamos de amor.

E é justamente o comportamento excessivamente individualizado, em alguns momentos da vida, que nos infelicita.

Nesse sentido, recordo-me da escritora britânica Mary Shelley, a criadora de Frankenstein.

De modo similar, criamos monstros das realidades fragmentadas, idealizadas por nossa capacidade criativa, na maioria das vezes, realidades equivocadas que só existem em nossa mente.

A verdadeira realidade, a que nos proporciona bem-estar, é a dos sentimentos nobres e edificantes, aqueles sentimentos que nos plenificam a alma. Esses sentimentos são como uma armadura invisível, pois nos protegem e trazem qualidade de vida.

Importante ter, por farol a iluminar nossa trajetória pela vida, os conceitos que geram renovação em nossa visão de mundo. Não os conceitos dos religiosos, mas os de religiosidade e espiritualidade que nos infundem respeito e amor por nós próprios e pelo nosso semelhante.

Essa sim é a verdadeira e prazerosa realidade que devemos viver.

5

MEDO DO MUNDO

*Não devemos ter medo
dos confrontos...
Até os planetas se chocam
e do caos nascem as estrelas.*

CHARLES CHAPLIN

A velocidade das informações nesses tempos de globalização faz com que convivamos proximamente com todas as situações, felizes ou infelizes, que acontecem ao redor do mundo.

Alguns fatos, infelizmente, embora assustadores, já se tornaram lugar comum em nossas vidas. Homens bomba, crianças morrendo de fome etc. são informações que não recebem mais atenção, porque já estão inseridas no cotidiano da vida na Terra.

O que ocorre hoje é que somos testemunhas das dores transmitidas ao vivo. Essa situação ao longo do tempo causa verdadeiro massacre emocional em qualquer pessoa, mesmo naquelas mais indiferentes.

As mensagens mórbidas são repetidas diariamente em nosso psiquismo introjetando na mente dos incautos a ideia de que nada na vida vale a pena.

Muitas pessoas saem às ruas assustadas e amedrontadas, com medo de tudo e de todos.

Ao lado desses quadros reais de dor, espalhados pelo mundo, a própria mídia trata de exaltar os valores do consumo e do prazer.

O amor é confundido com sexo, e a felicidade é apresentada como a capacidade de se ter, ou seja, é preciso possuir para ser feliz.

Sabemos, mas nos esquecemos de que o amor é essencial e é o que realmente faz bem à nossa alma, ao nosso coração.

Todavia, fundamentamos nossa vida e nossos anseios na busca e na aquisição de bens materiais. Construímos nossa felicidade sobre alicerces fincados na areia.

Nada contra a conquista do conforto das melhores coisas que o dinheiro logrado pelo trabalho possa ofertar àqueles que se dedicam às suas dignas atividades profissionais.

Não obstante, o dinheiro ser instrumento para uma vida mais feliz, a felicidade de fato é conquista íntima, estado que se consegue, genuinamente, experimentando a paz, a alegria, a esperança.

Quantos choram e perdem o sentido da vida, sentados no ouro?

A sociedade progride, mas revela ao longo dos séculos, até mesmo em seus projetos arquitetônicos, que estamos construindo fortalezas para nos proteger das consequências que a ausência de uma educação ética e moral promove para a humanidade.

As enfermidades emocionais que atingem tantas pessoas nesses dias é a mais certa demonstração de que os sentimentos mais positivos e verdadeiros estão sendo deixados de lado.

Estamos na era das fobias emocionais, tudo porque o homem perdeu a referência de uma vida em que o essencial para a paz interior é a meta a ser atingida.

O homem moderno não busca voltar-se para dentro de si, encontrar-se com sua essência, com seu sol interior.

Passamos, atualmente, por um processo de reforma civilizatória. A humanidade está em obras, contudo, a reforma deve acontecer no coração humano.

É comum tropeçar no meio da desordem, mas se o inimigo é tão íntimo a ponto de nos causar medo do mundo, é dentro de nós que estão as respostas.

Necessitamos nos autoconhecer, pois o território que o inimigo íntimo procura conquistar e fincar suas bandeiras é o nosso psiquismo, o nosso coração, a nossa intimidade.

Estudar nossas reações diante dos fatos à nossa volta, filtrar informações, mudar de postura diante das mazelas do mundo são medidas urgentes para garantir a paz interior.

Devemos entender, definitivamente, que somos uma humanidade imperfeita. Felicidade por aqui só é conquistada por aquele que compreende que ela se encontra no jeito de caminhar, não no ponto de chegada, ou em posições sociais e aquisições materiais.

6

Expectativas

*Criar expectativas sobre
coisas que não cabem na nossa
vida é frustração garantida.*

O autor

Todos os sonhos cabem na nossa cabeça e em nosso coração, mas nem todos são passíveis de realização.

Grande parte das enfermidades emocionais de nossos dias têm sua gênese nas expectativas, que vão sendo criadas e alimentadas por muito tempo.

É natural que se crie expectativas, mas se acreditar um credor da vida e das pessoas que convivem conosco, e não atendem ao que esperamos delas, é comportamento infantil.

Ninguém está no mundo para atender as nossas exigências e se adequar aos conceitos que entendemos ser os únicos e verdadeiros.

Pessoas casam-se esperando receber felicidade, quando deveriam se unir para dar felicidade umas às outras. Aquele que procura fazer o outro feliz compreendeu muito bem o que o amor saudável pede para a conquista de uma vida mais feliz interiormente.

Quando amamos, o amor que é dado preenche primeiramente o nosso coração.

Quando perfumamos a vida dos outros foram as nossas mãos que primeiramente receberam os fluidos perfumados.

Alimente-se de esperanças, mas não de expectativas, pois cada criatura transita em uma faixa de entendimento, por isso mesmo você pode se decepcionar em algum momento.

As frustrações criadas pelas expectativas não correspondidas são fatores cumulativos, que ao longo do tempo contribuem para a geração de processos depressivos e outras enfermidades emocionais.

É difícil mudar algumas posturas em nossa conduta, mas deixar de criar excessivas expectativas é postura saudável e profilática contra a instalação de processos enfermiços.

Transitamos ainda na faixa do, "é dando que se recebe", mas nem todas as pessoas estão dispostas a dar.

Expectativas frustradas costumam borrar maquiagens e trazer um gosto de fel na boca.

A vida é dinâmica, e as pessoas emocionalmente mutantes, ainda mais em tempos de valorização excessiva da exterioridade.

Criar expectativa é como andar em areia movediça, a qualquer momento você pode afundar.

As frustrações refletem os desencantos que a vida distribui a todas as pessoas, não com o propósito de castigar, mas sim de educar e fazer crescer.

Não perca a fé, nem desanime da vida, seja qual for a frustração enfrentada.

Lembre-se que a frustração de hoje pode estar prevenindo o mal maior de amanhã, seja qual for a dificuldade que esteja enfrentando em sua passagem pela vida.

Que bom, que mau, quem é que pode saber?

Nos enfrentamentos a que somos chamados a experimentar é muito importante que diante de um momento de sofrimento desafiador nos esforcemos para não tomar qualquer decisão sobre o peso das lágrimas.

Quando o revés bate firme em nosso coração, o melhor a fazer é aguardar que as horas e a reflexão nos apontem a direção a seguir, a decisão a tomar, pois qualquer decisão tomada no calor da inquietação é mergulho no escuro.

7

MEDO DE GENTE

*O medo tem alguma utilidade,
mas a covardia não.*

MAHATMA GANDHI

Os outros são espelhos que refletem o que somos.

Como criaturas reativas e pouco ativas em relação à própria vida, precisamos atentar para as respostas oferecidas pelas pessoas em nossos relacionamentos interpessoais.

Não podemos desdenhar as respostas alheias como resposta às nossas ações.

É certo que algumas pessoas com as quais nos relacionamos são criaturas problemáticas e sem referência, contudo, muitas delas são a medida certa da crítica que nos incomoda e que precisamos ouvir.

Quando algo nos incomoda, devemos prestar muita atenção, pois dentro de nós repercute um forte sinal de desconforto com o que ouvimos.

Somos muito orgulhosos e não temos o hábito saudável de ouvir uma crítica e aproveitar o que ela tem de positivo.

A criatura que se melindra com facilidade tende a se isolar e alimentar o "inimigo íntimo" com o sentimento de que a humanidade lhe deve especial atenção. São aquelas pessoas que se magoam quando alguém se esquece de parabenizá-las em data de aniversário e em outras situações comezinhas. Exigem atenção e retribuição do afeto na mesma proporção que eles podem oferecer.

Trata-se de cobradores de plantão, sempre prontos a lembrar aos outros os favores, ou auxílios que prestaram em determinado momento da vida. São criaturas emocionalmente frágeis que compõem o imenso grupo dos que represam sentimentos e lembranças infelizes.

No dia em que a represa emocional se rompe, a inundação promovida pelo medo acontece na intimidade do ser, e a tendência é a instalação do pânico. E com isso a pessoa vai necessitar de tratamento de médio e longo curso.

Importante atentar para o fato de que não podemos modificar a quem quer que seja. As pessoas amam como podem e sabem, e as carências são variadas, como variadas são as criaturas. Desde o círculo familiar, no trabalho, nos relacionamentos afetivos todos são individualidades. Todavia, cada ser carrega em si a capacidade de amar e ser feliz.

Precisamos de gente para ser feliz!

Precisamos ser gente para amar!

Estereotipar os outros em nossos padrões é falta de respeito, é barreira que dificulta a expressão do amor.

Gente é para se amar, não se pode apropriar.

Esse trecho da letra de Caetano Veloso, "Gente", é um hino à diversidade humana, que nos cabe respeitar:

Inimigo Íntimo

Gente olha pro céu
Gente quer saber o um
Gente é o lugar
De se perguntar o um
Das estrelas se
perguntarem se tantas são
Cada estrela se espanta
à própria explosão

Gente é muito bom
Gente deve ser o bom

8

Insegurança

> *A insegurança destrói caminhos e relacionamentos e não permite que o indivíduo caminhe em busca dos seus sonhos.*
>
> O autor

Algumas pessoas não amam por ser inseguras, e quando o amor lhes bate à porta afugentam-se amedrontadas.

A vida diária é um constante aprendizado, um dinâmico desafio, pois todos são convidados a fazer escolhas desde o momento do despertar, até a hora de dormir. Todavia, alguns decidem suas vidas baseadas nas opiniões alheias, com isso, perdem a oportunidade de errar. E errar é crescer.

A insegurança é um dos fatores que ao longo do tempo cria dependências emocionais. Unida ao medo, à ansiedade e a outros comportamentos tormentosos, a insegurança compõe o quadro perfeito para que uma crise de pânico possa se instalar, gradativamente, na intimidade da alma.

Por sua vez, a insegurança, na medida certa, também pode ser conhecida como prudência.

Como entender e delimitar algo tão abstrato?

Quando a criatura imatura não toma iniciativas próprias gera para si um tipo de parasitismo emocional, tornando-se cada vez mais frágil e limitada em suas ações.

Não escolher, não optar revela um comportamento emocionalmente infantilizado.

Alguns não têm iniciativa nem mesmo para se posicionar, pois se apavoram ante a possibilidade de ter que dizer não.

A beleza da vida está também na possibilidade de errar, pois em tudo aprendemos errando.

Quando não nos movimentamos em direção ao dinamismo da vida, no tempo certo ela vem como mestra a nos impulsionar à caminhada para o aprendizado natural. Mas, quando é a vida que escolhe o caminho, o caminhar pode ser mais dolorido.

A sua vida está em suas mãos, por isso é preciso agir com cautela, mas com certa dose de coragem.

Essencial é buscar conhecer as situações que nos cercam para a tomada de decisão.

Se a escolha for equivocada, não se lamente, pois novas oportunidades virão para o prosseguimento de sua vida, mas se a escolha for correta, alegre-se e recolha os bônus de sua iniciativa.

Em nossa vida nada é definitivo, o que nos parece um bem hoje, amanhã poderá se tornar um mal.

Compreenda que na Terra não existem verdades, apenas interpretações, e essas são compreendidas pelas pessoas, consoante a compreensão que elas tenham dos fatos.

Se hoje você enfrenta grave crise, amanhã construirá a sua vida alicerçada nas lições aprendidas nessas mesmas lutas.

Mas, lembre-se, é preciso ter coragem para viver.

A vida é um bem inalienável, não pode ser terceirizada.

9

Contágio emocional

*Influenciamo-nos mutuamente
e é preciso filtrar pessoas
e conversas que nos cheguem
manifestando conteúdos inferiores.*

O autor

Em tempo de informações instantâneas, chegam aos nossos sentidos lixos emocionais atirados de todos os lados. A nossa mente não é rede de esgoto, nosso coração não é lixeira, por isso é urgente filtrar o que nos chega aos sentidos.

Existem pessoas que têm tal poder de persuasão para o mal que é necessário, diante a elas, erguer uma barreira psicológica invisível que garanta a paz e a saúde emocional.

Promover uma espécie de saneamento emocional é muito importante, é orientação segura que nos protege de tais influenciações perniciosas.

A meditação cumpre papel salutar na aquisição da paz e do equilíbrio emocional.

É importante manter o filtro mental ativado até mesmo quando se assiste a um programa de televisão. Assistir ao seu canal preferido, ou ouvir a sua rádio FM favorita é algo que lhe dá muito prazer, mas tome cuidado com o cultivo de programação tormentosa.

Lembre-se que nosso maior desafio é educar as nossas emoções.

Aquelas mídias que exaltam o que de pior acontece na sociedade têm o poder de nos fazer sentir coisas muito desagradáveis e ruins, o que contribui para o nosso desequilíbrio.

O homem é um ser emocional e interage com o meio, sendo assim, a higienização mental cumpre papel fundamental para a saúde integral do ser.

Certamente, já entramos em lugares onde fomos acometidos de certo mal-estar, isso acontece com muita gente. Pode ocorrer que após a visita a um desses ambientes poluídos saia-se à rua experimentando dores de cabeça e outros desconfortos, por isso, é importante saber lidar com situações contagiosas que são mais comuns do que se pode imaginar.

No que diz respeito às nossas casas, elas têm a energia correspondente à soma dos psiquismos que ali habitam. São essas energias que também atraem para os nossos lares vibrações energéticas correspondentes.

Se o ambiente doméstico é movido pela pancadaria verbal, se as discussões são constantes, se as pessoas que ali moram apresentam comportamentos viciosos é lógico que as energias ali captadas não são salutares.

Em situações como essas é preciso manter a mente vigilante para que o contágio psíquico não aconteça.

Para aquele que se encontra fragilizado, represando problemas emocionais, sem conseguir digerir mágoas, rancores e as lutas do dia a dia,

Inimigo Íntimo

somando-se a isso, ainda vive de maneira invigilante, as fobias emocionais podem se instalar sutilmente.

Todos somos vítimas em potencial das contaminações emocionais. Em virtude disso, nunca é demais cuidar da saúde psíquica, para que não experimentemos males maiores.

10

Ociosidade

A ociosidade é o atalho por onde todos os vícios e enfermidades emocionais podem encontrar acesso em nossa mente. E sem que o ocioso perceba, sua mente e coração tornam-se vasos sujos onde as enfermidades psíquicas proliferam.

O autor

A mente é o instrumento que determina que tipo de vida nós cultivamos e quais sentimentos valorizamos. Nela encontra-se nossa essência, nosso DNA psíquico.

O ócio cria parasitas, e a mente desocupada torna-se hospedeira de ideias menos felizes.

Tudo no Universo reflete a lei do trabalho.

O planeta gira e através do movimento de rotação promove o ciclo do dia e da noite de forma ordenada, regendo toda vida.

O oceano, com a dança das marés, equilibra o planeta mantendo ordem na atmosfera.

O corpo humano, como impressionante máquina celular, cumpre sua rotina metabólica sem que percebamos a beleza da sua obra.

Registramos o bem-estar orgânico promovido pelas maravilhas da saúde física, sem nos darmos conta ao processo que ocorre silenciosamente.

Sendo assim, a Terra não é estação de repouso, logo todos somos convidados a colaborar com a obra universal.

Quando não compreendemos essa realidade, voluntariamente nos colocamos fora do contexto natural.

O trabalho no mundo cumpre papel agregador, progressista, pois todos são convocados a colaborar com todos. O gari é alguém que permite a vida saudável, tanto quanto o médico, pois sem o seu trabalho nossas cidades seriam depósitos de enfermidades e lixo.

O corpo é instrumento de manifestação da mente que é a sede por onde transitam todas as nossas decisões intelecto afetivas.

E as fobias emocionais encontram caminhos pavimentados em nossa intimidade quando o ócio e a preguiça tornam-se rotinas de vida.

Importante é compreender que o trabalho edificante é medicamento precioso para o restabelecimento da qualidade da vida física e emocional. E o que fizermos pela vida, estaremos fazendo para toda humanidade.

É interessante refletir em alguns aspectos positivos do trabalho, segundo o escritor francês, Anatole France em "O Anel de Ametista":

> *O trabalho é bom para o homem. Distrai-o da própria vida, desvia-o da visão assustadora de si mesmo; impede-o de olhar esse outro que é ele e que lhe torna a solidão horrível. É um santo remédio para a ética e a estética.*

Inimigo Íntimo

O trabalho tem mais isto de excelente: distrai a nossa vaidade, engana a nossa falta de poder e faz-nos sentir a esperança de um bom evento.

Já o compositor russo Stravinski nos convida a refletir:

Não há inspiração sem trabalho.
Um leigo pensaria que, para criar, é preciso aguardar a inspiração. É um erro. Não que eu queira negar a importância da inspiração. Pelo contrário, considero-a uma força motriz, que encontramos em toda a atividade humana e que, portanto, não é apenas um monopólio dos artistas. Essa força, porém, só desabrocha quando algum esforço a põe em movimento, e esse esforço é o trabalho.

Ígor Fiódorovitch Stravinski, citado na revista húngara *Múzsák*, 1982.

Na minha concepção, o trabalho é processo terapêutico, em que a pessoa envolvida em atividade útil mantém a saúde emocional e física.

É evidente que me refiro aos que já desenvolveram a consciência da importância de se manterem ocupados, porque grande parte dos homens ainda está vinculado à ideia de que trabalho é castigo.

Pessoas que pensam assim ainda não se deram conta de que uma vida produtiva é o que nos garante solidez emocional, pois onde falta equilíbrio e discernimento acerca das atividades que podem ser desenvolvidas na vida, certamente, sobrará enfermidades emocionais.

Muitos entendem que ser feliz é permanecer em estado constante de gozo e prazer, compreendendo que a vida é para os que se divertem e aproveitam as delícias que a riqueza pode oferecer.

Existem tantos prazeres em uma vida profícua de serviços úteis que podem promover o bem comum. Tudo na natureza nos convida à integração com uma vida harmônica e produtiva.

Inimigo Íntimo

O homem é como uma pequena embarcação, cujos remos devem ser acionados com a mesma força e na mesma direção. E é a educação dos sentimentos que determina a direção a seguir. Portanto, o ser precisa estar no comando da própria vida.

Estacionar na ociosidade é o mesmo que deixar o barco à deriva rumo a águas tempestuosas.

11

SUPOSIÇÕES

A imaginação é fértil podendo criar quadros pavorosos e celas inexpugnáveis onde nos deixamos trancafiar voluntariamente.

O AUTOR

Conta-se que um homem muito rico, ao morrer, deixou suas terras para os seus filhos.

Todos eles receberam terras férteis e belas, com exceção do mais novo, para quem sobrou um brejo inútil para a agricultura.

Seus amigos se entristeceram com isso e o visitaram, lamentando a injustiça que lhe havia sido feita.

Mas, ele só lhes disse uma coisa: Se é bom ou se é mau, só o futuro dirá.

No ano seguinte, uma seca terrível se abateu sobre o país e as terras dos seus irmãos *foram devastadas. As fontes secaram, os pastos ficaram esturricados, o gado morreu.*

No entanto, o brejo do irmão mais novo se transformou num oásis fértil e belo. Ele ficou rico e comprou um lindo cavalo branco por um preço altíssimo.

Seus amigos organizaram uma festa porque algo tão maravilhoso lhe havia acontecido.

Mas, dele só ouviram uma coisa: Se é bom ou se é mau, só o futuro dirá.

No dia seguinte, seu cavalo de raça fugiu e foi grande a tristeza. Seus amigos vieram e lamentaram o acontecido. Mas o que o homem lhes disse foi: Se é bom ou se é mau, só o futuro dirá.

Passados sete dias, o cavalo voltou trazendo consigo dez lindos cavalos selvagens. Vieram os amigos para celebrar esta nova riqueza, mas o que ouviram foram as palavras de sempre: Se é bom ou se é mau, só o futuro dirá.

No dia seguinte, o seu filho, sem juízo, montou um cavalo selvagem. O cavalo deu um salto e o lançou longe. O moço caiu e quebrou uma perna. Voltaram os amigos para lamentar a desgraça. Se é bom ou se é mau, só o futuro dirá, o pai repetiu.

Passados poucos dias, vieram os soldados do rei para levar os jovens para a guerra. Todos os moços tiveram de partir, menos o seu filho de perna quebrada. Os amigos se alegraram e vieram festejar.

O pai viu tudo e só disse uma coisa: Se é bom ou se é mau, só o futuro dirá.

"Redação do Momento Espírita", com base em mensagem recebida de Rosimeri Stupp, pela Internet.

A história ilustra muito bem a sabedoria e o conceito de vida do personagem, que nunca se deixava levar pela primeira impressão de qualquer situação – ao contrário da grande maioria dos homens nesses tempos de dor.

De maneira imprudente, emitimos julgamentos e criamos situações embaraçosas a partir de nossas suposições. Os fatos nunca se mostram como realmente são à primeira vista, nem as situações e muito menos as pessoas.

Alguns afirmam que: a primeira impressão é a que fica. Isso acontece de fato para grande parte das criaturas. Todavia, essa conduta apresenta um comportamento equivocado, pois qualquer um está sujeito a algum atropelo em dado momento.

Não podemos dar vereditos definitivos em termos de comportamento humano; é preciso esperar, observar, pois a verdade sempre aparece.

As suposições causam danos emocionais, pois são criações mentais elaboradas de acordo com a compreensão que se tem da vida.

Se a criatura é insegura com seu relacionamento afetivo, as suposições são verdadeiros bombardeios emocionais criados pelo ciúme que causa imensa dor e desconforto psicológico.

O ser fragilizado, emocionalmente, quando faz das suposições verdades absolutas, abre portas imensas para a instalação de doenças emocionais como a crise de pânico e outros quadros depressivos.

Suposições são quadros imaginários que, invariavelmente, podem ser confundidos com alucinações fertilmente alimentadas por uma mente criativa e enferma.

Aquele que vive de suposições e, geralmente, opta por imaginar situações das mais desagradáveis, atrai para si processos enfermiços que são deflagrados com o tempo.

Todos os exemplos de situações citadas até agora neste capítulo e nos capítulos anteriores representam um conjunto de comportamentos que repetidos, sistematicamente, podem gerar graves fobias emocionais.

Seja qual for a situação que o leitor amigo esteja vivendo, é melhor aguardar com paciência para avaliar qual a melhor atitude a tomar.

E retomando o personagem da nossa história, ele nos ensina:

Se é bom, ou se é mau, só o futuro dirá!

12

QUEIXAS

A queixa é o mau hálito da alma.
O AUTOR

A queixa gera antipatias e afasta as pessoas da nossa companhia. O queixoso geralmente transita na faixa do desânimo e do desalento. Seu humor é raro, então, ele não percebe os investimentos que a vida fez e faz para ele.

O queixoso invariavelmente é aquele que deseja que as coisas lhe sejam entregues na mão, sem esforço algum.

Deter-se demasiadamente nas queixas e lamentações é alimentar estados emocionais mórbidos em si.

Já dissemos em capítulo anterior que o trabalho é terapia para as nossas vidas.

Mesmo que a situação momentaneamente seja adversa, esforçar-se para se liberar de estados enfermiços, em que o aspecto emocional se deteriora, é fundamental.

Nada cai do céu, e as provas que enfrentamos têm a função educativa de nos impulsionar para o progresso necessário.

Queixar-se é postura que gera agravamento de qualquer dificuldade, é como acrescentar ainda mais peso aos dramas vivenciados.

É preciso assumir a responsabilidade pela vida que se tem, é preciso amadurecer, e a queixa tipifica o "coitadinho".

Algumas pessoas reclamam sistematicamente para que alguém faça por elas o que lhes cabe fazer.

Um provérbio chinês ensina:

Eu que me queixava de não ter sapatos, até que encontrei um homem que não tinha pés.

A queixa é uma venda de olhos muito poderosa, pois obstaculiza a visão da alma.

De volta a meados dos anos 70...

Um homem estava viajando e parou em um posto de gasolina em meio a um torrencial aguaceiro.

Ele confortavelmente sentado dentro de seu carro seco, enquanto um homem, que assobiava alegremente enquanto trabalhava, enchia seu tanque debaixo daquela chuva terrível.

Quando o cliente estava partindo, como que se desculpando, disse:

Sinto muito que você tenha que estar aí fora com este tempo.

O atendente respondeu:

– Não me aborrece nem um pouco. Quando eu estava lutando no Vietnã eu prometi a mim mesmo que se um dia eu conseguisse sair vivo daquele lugar, eu seria tão grato que nunca mais reclamaria sobre qualquer coisa novamente. E assim tem sido e nada me aborrece.

Assumir a responsabilidade por nossas atitudes é parte da construção de uma vida íntegra e feliz.

A queixa cultivada torna-se enfermidade de longo curso e de difícil tratamento. Da queixa para a depressão e outras distonias emocionais o caminho é curto.

13

Irritação

*A irritação invariavelmente
tem o orgulho ferido
como pano de fundo.*

O autor

A irritação é como uma coceira que dá nos nervos todas as vezes que somos contrariados. Filha dileta do orgulho, a irritação evidencia a falta de paciência e só faz mal a quem a sente.

É certo que os problemas cotidianos, as alfinetadas que recebemos no convívio social causam irritabilidade. E aqueles que convivem conosco percebem com muita facilidade a alteração do tom da nossa voz, os trejeitos que evidenciam nervosismo e desconforto íntimo, além de outras reações desconfortáveis. Contudo, se essa irritabilidade for alimentada diariamente e descambar para o descontrole emocional o problema pode se agravar.

Sofremos provocações onde quer que estejamos, mas é urgente que aprendamos a administrar o momento desagradável.

Irritar-se porque a comida não está quente o suficiente, gritar com alguém porque as coisas não estão do jeito que entendemos que deveriam estar é moléstia emocional enveredando para patologias mais graves e em franco desenvolvimento.

Há casos de pessoas que se saírem à rua e algum cachorro latir para elas correm o risco de se abaixar para revidar o latido para o cão. Outras são tão irritadiças que não conseguem ao menos estar sozinhas em suas próprias casas. Afirmo que alguns seres humanos se morarem solitariamente serão capazes de fugir de casa.

Interessante como muitas pessoas portam-se feito credores do Universo. Parece que o mundo tem de atender às suas exigências. São aquelas que sempre dizem:

"Você sabe com quem está falando"?

A família deve se submeter aos seus caprichos; no trabalho não podem ser contrariadas pelos colegas, pois, sua opinião é sempre soberana.

Todos nós somos devedores da vida, e na maioria das vezes temos muito mais do que necessitamos, no entanto, nos perdemos infantilmente em sofrimentos criados pelas próprias ações rebeldes.

A irritação nasce da dificuldade em se aceitar as diferenças, as pequenas contrariedades, em entender que cada pessoa tem seu tempo para aprender e executar suas atividades.

Algumas criaturas são rápidas de raciocínio e atitude, outras demandam mais tempo para fazer a mesma coisa. E aqueles que estão em posição privilegiada são devedores, uma vez que têm condições de auxiliar os que caminham na retaguarda.

Diante de tudo que ocorre pelo mundo afora, certamente, em muitas situações somos pessoas privilegiadas.

É possível que sejamos proprietários de valorosos bens, sem contudo valorizar essas benesses.

O dono de um pequeno comércio, amigo do grande poeta Olavo Bilac, abordou-o na rua:

– Sr. Bilac, estou precisando vender o meu sítio, que o Senhor tão bem conhece. Poderia redigir o anúncio para o jornal?

Olavo Bilac apanhou o papel e escreveu:

'Vende-se encantadora propriedade, onde cantam os pássaros ao amanhecer no extenso arvoredo, cortada por cristalinas e marejantes águas de um ribeiro. A casa banhada pelo sol nascente oferece a sombra tranquila das tardes, na varanda'.

Meses depois, topa o poeta com o homem e pergunta-lhe se havia vendido o sítio.

– Nem pensei mais nisso –, disse o homem. – Quando li o anúncio é que percebi a maravilha que tinha.

A irritação é um comportamento que contribui e facilita a instalação das enfermidades emocionais que asfixiam o espírito.

14

Medo de morrer

A pergunta que devemos fazer a nós mesmos: Existe vida antes da morte?

O autor

No instante em que síndromes emocionais se instalam, levando a crises de pânico e quadros depressivos, a criatura vivencia um medo imenso da morte, é reação natural a esse tipo de enfermidade.

Alguns supõem que estejam sofrendo um ataque cardíaco e outros males físicos.

Só quem passa por esse momento é que pode avaliar e testemunhar o desespero que sente. O pavor se instala, e o medo é o monstro que persegue o doente.

Como escrevemos na introdução do livro, as crises emocionais não acontecem do nada. Ninguém vai dormir saudável física e emocionalmente e desperta apavorado. Esses transtornos dos nossos dias são causados por fator cumulativo de sentimentos e comportamentos, que ora mal resolvidos na intimidade da alma terminam por acionar o gatilho de crises mais agudas como a fobia que gera o pânico.

Uma vez detectada a enfermidade, e com o auxílio de profissionais da área da saúde mental, o paciente deve se esforçar por fazer a sua parte visando ao reequilíbrio próprio.

A luta por enfrentar o inimigo que cada um carrega dentro de si é solitária em alguns momentos.

Um grande número de pessoas vive na multidão dos alienados acreditando que a vida seja uma estação de prazeres e só procuram e aceitam ajuda quando o desespero lhes bate à porta da existência.

Mais do que despertar as pessoas quanto à parte que lhes cabe cumprir na melhoria própria, é fundamental levá-las a compreender que em se tratando de enfermidades emocionais, somos médicos de nós mesmos.

O que devemos exaltar é que o processo de prevenção contra o inimigo íntimo pede vida produtiva e útil, pois a estagnação voluntária nas teias da ilusão fortalece esses monstros emocionais, ocultos em nosso psiquismo.

Aqueles que professam suas religiões, sejam elas quais forem, devem fazer valer a própria fé no combate aos males nascidos em suas almas.

Somos nós que decidimos sempre o que devemos fazer com as oportunidades que nos chegam.

Numa cidadezinha modesta havia um grande sábio. A ele toda a população recorria em busca de ensinamentos e orientação para a vida.

Havia, também, um menino que não aceitava a autoridade do sábio e vivia articulando uma forma de desmoralizá-lo perante a opinião pública.

Depois de muito pensar achou um jeito: prenderia um pássaro em sua mão.

Depois perguntaria ao sábio se o pássaro estava morto ou vivo. Se o sábio dissesse que estava morto, o menino soltaria o pássaro, se dissesse que estava vivo, ele mataria a ave, assim o sábio não acertaria nunca!

E assim fez. Chegou perto do sábio e perguntou:

– Sábio, o senhor que sabe tudo, responda: este pássaro que está nas minhas mãos está vivo ou está morto?

O sábio olhou sereno e fixamente em seus olhos e respondeu:

– Meu filho, o destino deste pássaro está nas suas mãos.

Autor desconhecido

Tememos o que ignoramos, e valorizamos muito pouco as bênçãos da vida.

15

Separações

Fundamentamos nossa felicidade nas ações alheias, com isso, estamos sempre correndo o risco de nos decepcionarmos. As separações frustram pelos sonhos acalentados, mas que não foram vividos. Sofre-se muito pelo que se deixou de viver e ficou pelo caminho.

O autor

Ninguém se casa para a posterior separação.

Masaharu Taniguchi, líder religioso japonês, afirma:

Se você quer ser feliz, não se case, mas se você deseja fazer alguém feliz, case-se!

A concepção de felicidade para a maioria das pessoas ainda expressa um conceito egoístico, pois todos sempre afirmam: Vou me casar para ser feliz!

Quando queremos ser felizes outorgamos à (ao) nossa(o) esposa(o) a responsabilidade por nos fazer feliz, mas quando buscamos dentro da relação fazer o outro feliz passamos a compreender que a ação de amar por si mesma já nos banha em felicidade.

Somos felizes à medida que fazemos o outro feliz.

Nesses dias, os casamentos acontecem para uma parcela de pessoas por variadas conveniências, e o amor é deixado de lado, pois se confunde com interesses.

Mas, toda relação que termina em sofrimento sempre atinge o lado mais sensível, e infelizmente algumas pessoas chegam a entrar em profunda depressão.

Mesmo que a separação seja consensual, existe uma carga psicológica negativa a ser absorvida pelas pessoas no momento do rompimento definitivo. E são muitos os casos de transtornos emocionais e crises de pânico em que a pessoa enferma não consegue lidar com o fim do relacionamento.

Outro dia ouvi a seguinte frase do grande escritor e pedagogo Ruben Alves:

Quando conhecemos alguém e decidimos partilhar a vida com a pessoa eleita, devemos nos indagar: Será que eu terei prazer em conversar com ela(e) até o fim dos meus dias?

Os relacionamentos devem ter por base o diálogo, porque não existe nada mais especial do que se conversar com quem se ama. Não é o sexo que irá manter um casamento, pois que é parte do relacionamento, mas a estrutura de uma relação que consiste no diálogo.

Nada nem ninguém nos pertence aqui na Terra.

O importante é agirmos sempre com a honestidade que nos garantirá harmonia e serenidade.

Se a separação ocorreu por traição ou outra atitude infantil, o importante é que tenhamos feito o nosso melhor, que não sejamos nós os que enganam e iludem, pois somos responsáveis por tudo que cativamos, de bom e de ruim na vida das pessoas.

Em caso de rompimento, é natural experimentar a tristeza e certa frustração, mas não se esqueça que relacionamentos são feitos por duas pessoas, e cada uma tem sua parcela de responsabilidade pelo êxito ou pelo equívoco. Evite alimentar a tristeza, pois a amargura intensamente cultivada é prenúncio de enfermidade emocional à espreita.

"O que é o amor?"

Numa sala de aula, havia várias crianças. Quando uma delas perguntou à professora:
– Professora, o que é o amor?
A professora sentiu que a criança merecia uma resposta à altura da pergunta inteligente que fizera. Como já estava na hora do recreio, pediu para que cada aluno desse uma volta pelo pátio da escola e trouxesse o que mais despertasse nele o sentimento de amor.
As crianças saíram apressadas e, ao voltarem, a professora disse:

– Quero que cada um mostre o que trouxe consigo.

A primeira criança disse:

– Eu trouxe esta flor, não é linda?

A segunda criança falou:

– Eu trouxe esta borboleta. Veja o colorido de suas asas, vou colocá-la em minha coleção.

A terceira criança completou:

– Eu trouxe este filhote de passarinho. Ele havia caído do ninho junto com outro irmão. Não é uma gracinha?

E assim as crianças foram se colocando. Terminada a exposição, a professora notou que havia uma criança que tinha ficado quieta o tempo todo. Ela estava vermelha de vergonha, pois nada havia trazido.

A professora se dirigiu a ela e perguntou:

– Meu bem, por que você nada trouxe?

E a criança timidamente respondeu:

– Desculpe, professora. Vi a flor e senti o seu perfume. Pensei em arrancá-la, mas pre-

feri deixá-la para que seu perfume exalasse por mais tempo.

– Vi também a borboleta, leve, colorida. Ela parecia tão feliz que não tive coragem de aprisioná-la.

– Vi também o passarinho caído entre as folhas, mas, ao subir na árvore, notei o olhar triste de sua mãe e preferi devolvê-lo ao ninho.

– Portanto, professora, trago comigo o perfume da flor, a sensação de liberdade da borboleta e a gratidão que senti nos olhos da mãe do passarinho.

– Como posso mostrar o que trouxe?

A professora agradeceu a criança e lhe deu nota máxima, pois ela fora a única que percebera que só podemos trazer o amor no coração.

"Histórias para sua Criança Interior" (Eliane de Araújo)

16

Pensamentos negativos

*Quem planta dor
colhe lágrimas, quem cultiva maus
pensamentos colhe falta de paz!*

O autor

A vida é uma grande lavoura onde semeamos a cada pequenina escolha que fazemos.

Deter os olhos e a atenção no que há de pior acontecendo no mundo é se imantar à inquietação e aos tormentos que o mal produz.

Somos o que pensamos, e o que pensamos se reflete imediatamente na economia orgânica.

Penso, logo existo! – afirma René Descartes.

Parafraseando o nobre filósofo francês podemos afirmar: *Penso, logo sinto!*

Pois, cada pensamento cultivado tem sua energia característica, e sua emissão mental afeta imediatamente o metabolismo do corpo.

A mente invigilante pode se tornar viciosa em relação aos pensamentos menos felizes, com isso, o seu desequilíbrio emocional se dá de forma imediata.

A maneira mais eficiente de se combater e mudar esse tipo de situação é por meio da renovação de hábitos e costumes.

Todo tempo é tempo de recomeçar, de se refazer, de mudar as situações menos felizes.

O homem que cultiva pensamentos viciosos mantém uma porta psíquica aberta, por onde as fobias emocionais podem entrar. Os vícios são atalhos por onde o inimigo íntimo pode penetrar.

A organização física bombardeada a todo instante por pensamentos desequilibrados tende a adoecer e manifestar enfermidades de fundo emocional: doenças gastrointestinais, diabetes, doenças alérgicas, dermatites, lúpus etc...

Tudo é gerado pela mente e consequente comportamento emocional – saúde, paz, alegria.

Do mesmo modo que a criatura humana deve se preocupar com os cuidados atinentes à saúde física, a casa mental deve receber mais atenção ainda, porque é nela que tudo principia. É na mente deseducada que as enfermidades emocionais nascem.

Para combater os pensamentos negativos o trabalho útil é recurso especial. Nada protege mais a mente e promove o equilíbrio emocional de qualquer pessoa do que se fazer produtivo na vida do semelhante.

Aquele que compreende essa realidade se imuniza contra as enfermidades emocionais e se protege dos inimigos que carrega dentro de si.

Se você é positivo, então, nada é negativo para você. Se você for negativo, então, tudo será negativo para você.
És a fonte de tudo o que existe à tua volta; você é o criador de seu próprio mundo.

Osho

Somos os construtores da nossa vida através de cada escolha. Por mais insignificante nos pareça, ela revela o que se passa em nossa alma.

A marca desses tempos é que vivemos a era da responsabilidade, não temos a quem culpar, a não ser a nós mesmos.

2ª Parte

Sentimentos e comportamentos que resgatam a alma

17

Equilíbrio emocional

O equilíbrio emocional é desafiador, mas possível para os que não se deixam ofender pelas opiniões contrárias, para os que não se melindram, para os que não exigem um mundo que lhes atenda às exigências.

O AUTOR

O pensamento acima nos soa como utopia, meta inalcançável ou sonho de um louco.

Como é complicado manter o equilíbrio diante das alfinetadas diárias que nos são impostas no atritar das relações. O desafio ocorre dentro da gente, quando muitas vezes sucumbimos e, frustrados, admitimos que eles venceram de novo. Roubaram a nossa paz novamente, e são sempre os mesmos, sempre da mesma forma.

Então, a queda no destempero vem e nos diz que ainda somos extremamente manipuláveis pelos desequilíbrios alheios.

Não existe nada mais constrangedor do que perceber que pessoas com as quais não temos afinidade alguma carregam o poder de nos desestruturar emocionalmente, de tal sorte que são elas que nos dirigem.

A questão não é a de permanecer impávido, inatacável, a questão é levar um tombo interior pela ação de pessoas que julgamos limitadas, difíceis e complicadas, mas que têm o poder de destruir nossas estruturas emocionais na menor provocação.

Equilíbrio emocional não é algo que se logra da noite para o dia, é construção que deve acontecer por dentro da gente.

É mudança de valores e percepção da vida.

É derrubar as bases do orgulho tão bem urdidas dentro do nosso ser.

Perdemos muito tempo identificando os inimigos exteriores, quando o cupim que corrói nossa casa mental é alimentado pelo nosso ego.

Nossa principal ação é dinamitar os conceitos profundamente arraigados de que temos alguma relevância no mundo.

Se morrêssemos agora que falta faríamos?

A Terra deixaria de girar?

De forma alguma, em pouco tempo o giro dela, trazendo a noite, levando o dia, revelaria o tamanho da nossa importância na economia do planeta: nenhuma!

Somos agora, estamos agora, precisamos viver agora!

Com essa conclusão devemos nos indagar:

Para que perder tempo se defendendo de coisas que não são verdadeiras?

Por que alimentar a ilusão de querer agradar a todas as pessoas?

A realidade da vida nos pede urgência para vivermos com simplicidade e alegria.

O equilíbrio emocional passa por nossa consciência do quanto tudo é passageiro, daí a necessidade de alimentar a alma do essencial.

Equilibrar-se emocionalmente é passar pela ponte que nos levará ao coração das pessoas.

Necessitamos voltar para o nosso templo interior, para nossa casa mais importante, o nosso coração.

O mundo pode até nos chamar para novas glórias e gozos, mas é no fundo da nossa alma que se encontram as melhores e verdadeiras razões para se viver em paz e feliz.

Equilíbrio emocional pede caminho do meio, nem tanto ao mar, nem tanto a terra.

A história a seguir nos convida a refletir e a evitar posições extremistas e refratárias:

"O caminho do meio"

Durante seis anos, Siddhartha e os seus seguidores viveram em silêncio e nunca saíram da floresta. Para beber, tinham a chuva, como comida, comiam um grão de arroz ou um caldo de musgo, ou as fezes de um pássaro que passasse. Estavam tentando dominar o sofrimento tornando as suas mentes tão fortes que se esquecessem dos seus corpos.

Então... Um dia, Siddhartha escutou um velho músico, num barco que passava, falando para o seu aluno...

Se apertares esta corda demais, ela arrebenta; e se a deixares solta demais, ela não toca.

De repente, Siddhartha percebeu que estas palavras simples continham uma grande verdade, e que durante todos esses anos ele tinha seguido o caminho errado. Se apertares esta corda demais, ela arrebenta; e se a deixares solta demais, ela não toca.

Uma aldeã ofereceu a Siddhartha a sua taça de arroz. E pela primeira vez em anos, ele provou uma alimentação apropriada.

Mas, quando os ascetas viram o seu mestre banhar-se e comer como uma pessoa comum, sentiram-se traídos, como se Siddhartha tivesse desistido da grande procura pela iluminação.

(Siddhartha os chamou)

– Venham... E comam comigo.

Os ascetas responderam:

– Traíste os teus votos, Siddhartha. Desististe da procura. Não podemos continuar a te seguir. Não podemos continuar a aprender contigo.

E foram se retirando.

Siddharta disse:

– Aprender é mudar.

– O caminho para a iluminação está no Caminho do Meio.

É a linha entre todos os extremos opostos.

O Caminho do Meio foi a grande verdade que Siddhartha descobriu, o caminho que ensinaria ao mundo.

Se caminharmos pelo meio das emoções, sem extremismos exagerados, dificilmente seremos tragados por elas.

É fácil?

Certamente que não, mas como é bela a vida quando ela nos desafia a vivê-la primeiramente dentro de nós.

Nossas emoções e sentimentos são cavalos indomáveis pedindo o arreio da educação.

18

SERENIDADE

Manter-se sereno ante os desafios do cotidiano é atitude desafiadora. Porque nossa serenidade está vinculada ao que se passa na intimidade da nossa alma e não ao que acontece à nossa volta.

O AUTOR

Serenidade é aquisição que se consegue após longas e complexas lutas com o nosso inimigo. É como a retomada do nosso território emocional, por longo tempo ocupado pelos invasores que dominavam nossas ações, mantendo-nos sob o domínio das reações intempestivas.

A transição da prática cotidiana das reações para o campo das ações é o primeiro passo para a conquista da serenidade. Retomar o domínio das próprias ações é reflexo de amadurecimento emocional e isso é extremamente significativo.

Vivemos o império da ditadura do destempero alheio sobre a nossa vida e sofremos invasões diárias no nosso campo emocional.

As provocações alheias que se dão pela manifestação das ideias contrárias às nossas ocorrem como verdadeiro bombardeio da nossa estrutura emocional.

Quantas vezes o dia que parecia nascer como um belo jardim florido não se transforma em ruínas pelo simples fato de acolhermos em nosso coração os detritos emocionais que as pessoas, com as quais convivemos, atiram sobre nós?

Essa realidade é delicada e grave, uma vez que a reação instantânea nos rouba o discernimento de modo que nos atiremos sobre os outros feito feras incontroláveis.

É o império das emoções desajustadas trazendo moléstias psicopatológicas e nos encarcerando na cela dos loucos que são incapazes de pensar.

É como se estivéssemos adormecidos como marionetes atiradas num canto e passássemos a nos movimentar segundo os estímulos que nos chegam das ações exteriores.

Como vivemos num mundo de criaturas sitiadas emocionalmente por atavismos animalizados, sofremos constantes invasões em nosso campo psicológico, com isso temos enorme dificuldade de administrar as ações que nos causam contrariedade.

E para cada minuto de serenidade experimentamos horas de descompensação emotiva.

Mas, afinal, o que fazer para lograr um estado de serenidade?

Acredito que o primeiro passo, e o primeiro passo é sempre o mais difícil, seria erguer barreiras invisíveis para dificultar a invasão dos inimigos exteriores e o fortalecimento do inimigo interior.

Que barreiras seriam essas?

São inúmeras as possibilidades de defesa que devem ser avaliadas e estudadas para a tomada das medidas iniciais. As bases de defesa só podem ser erguidas com as armas psicológicas que já estão dentro de nós.

Um bom exemplo de fortalecimento das nossas barreiras protetoras seria não valorizar tanto a opinião alheia.

Outra ação de efeito protetivo é parar de se defender das coisas irreais que chegam como agressão da parte daqueles que desejam invadir e dominar nosso psiquismo.

Existem pessoas extremamente frias e calculistas que conhecem com exatidão os pontos nevrálgicos do nosso frágil equilíbrio emocional, e é justamente aí que o bombardeio de palavras, sordidamente articulado, é atirado como dardo venenoso em nossa casa mental.

A força do bombardeio não está na maldade alheia, mas em nossa incapacidade de não nos permitir afetar pelo veneno dos outros.

Por que as pessoas têm tanta facilidade em furtar a nossa lucidez?

Justamente porque o inimigo íntimo do orgulho ainda mantém o domínio de vastas áreas do nosso território interior. Dar a nós mesmos demasiada importância é um erro crasso que cometemos.

Serenidade é virtude que só lograremos alcançar após grande esforço para agregar valores que tornem a nossa vida mais leve e desapegada.

Nos livros de história, encontramos relatos instigantes sobre muitas guerras duradouras que flagelaram a humanidade ao longo dos séculos. Fazendo uma analogia entre a nossa vida emocional e recortes dessas fases belicistas chegamos à conclusão que a conquista da serenidade pode ser alcançada com paciência e perseverança, após as longas batalhas que devemos travar em nosso campo íntimo.

Viver com serenidade é refletir, mesmo durante os embates da vida, acerca do domínio sobre si mesmo para a tomada das decisões que a vida pede.

Um homem sereno é dono de si.

19

Coragem

*Ter coragem não é viver
sem medo, mas diante de cada
desafio não cessar a marcha e
avançar sempre, mesmo que seja
preciso recuar em algum momento.*

O autor

Ser corajosos não significa enfrentar as adversidades de maneira inconsequente.

Na verdade, só avançamos em nossos propósitos quando nossas ações revelam planejamento e cuidado.

É certo que em algumas situações da vida somos chamados a tomar decisões imediatas, e isso é algo delicado. Mas, gostaria de focar a atenção não apenas em determinado recorte de nossa vida, já que nossa estrutura emocional não pode ser construída por uma tomada de decisão acerca desse ou daquele assunto.

A pessoa que revela ponderação em suas atitudes, no instante em que se vê sitiada por uma situação singular, tomará a decisão final norteada por valores que foram desenvolvidos ao longo da sua vida. Foi por meio de escolhas certas e equivocadas que ela agregou valores emocionais que a fortaleceram em seu crescimento íntimo.

Ninguém é o resultado do nada, cada qual assimila em si os valores correspondentes às vivências positivas ou frustrantes.

A coragem não se revela nas atitudes tresloucadas, na loucura de se atirar contra uma força maior sem que se avalie bem a ação.

A coragem verdadeira reflete na ação do corajoso a presença da perseverança, a manifestação da resiliência diante das piores e mais dolorosas lutas.

E nessa reflexão, o medo tem seu componente positivo no momento das decisões, uma vez que nos pede análise e ponderação. Então, o medo em algumas situações pode ser justamente a semente da coragem. Todavia, o medo não deve paralisar os nossos movimentos quando buscamos um tempo novo, uma vida nova.

A coragem acompanhada do bom-senso é uma força que não se pode mensurar.

Prudência sempre, paralisia nunca!

Se a força da tempestade que açoita sua vida lhe impede de seguir adiante, acalme-se!

Pare um pouco, a fim de recobrar as forças que lhe auxiliarão a recuperar a marcha em direção ao seu destino.

É preciso ter coragem também para parar, recuar, refazer.

É preciso ter coragem para admitir o fracasso, a escolha equivocada.

É preciso ter coragem para aceitar os próprios limites e entender que não somos capazes de tudo, que não podemos fazer tudo.

E, finalmente, acredito que para aceitar as pessoas como elas são é preciso coragem, mesmo aquelas com quem não conseguimos conviver.

Você não é obrigado a conviver com quem não aceita, mas sua vida emocional será apascentada se compreender que os outros têm o direito de ser como são.

Eu me recordo da letra de uma música que cantei muito, da *Legião Urbana*, chamada: "Há tempos", que diz:

> *Disciplina é liberdade*
> *Compaixão é fortaleza*
> *Ter bondade é ter coragem*
> *Lá em casa tem um poço*
> *Mas a água é muito limpa*

O que, às vezes, parece contraditório traz a medida exata do verdadeiro aprendizado. Então, a tristeza pode se transformar em alegria. A desesperança pode ser a noite que irá amanhecer nos trazendo novas esperanças.

A vida é dicotômica e por isso é bela.

Quanto mais estivermos preparados para lidar com as sutis investidas desses inimigos invisíveis e íntimos, mais estaremos preparados para tomar as decisões que são intransferíveis.

Inimigo Íntimo

O caminhar é nosso, os sentimentos são nossos, as decisões são nossas, mas é imperioso que estejamos sempre dispostos a abrir as portas para novos saberes e experiências.

20

Alteridade

A alteridade é como uma vacina emocional que nos protege da ação inconsequente dos julgamentos precipitados.

O autor

Alteridade é uma palavra derivada do latim, *alteritas* (outro).

Muitos cientistas sociais defendem a ideia de que o "eu individual" existe devido à sua interação com o semelhante, o "eu coletivo".

A alteridade é um convite a nos colocar no lugar do outro, e essa perspectiva nos remete a profundas reflexões.

Ao considerarmos que ainda transitamos na fase emocional reativa aos fatos que nos chegam, experimentamos, em nossa interação social, grandes conflitos pelo julgamento precipitado das ações alheias.

Estamos sempre prontos a emitir juízo de valor sobre o comportamento dos outros. Entretanto, os nossos parâmetros e valores para a emissão da "sentença condenatória" ou absolvição das pessoas são os mesmos acumulados em nosso psiquismo, resultado de tudo que foi apreendido durante a vida.

E como somos elementos notadamente falhos emitimos opiniões limitadas a respeito desse ou daquele assunto.

Alteridade é a ação inteligente de nos colocar no lugar do outro e compreender seu contexto de vida.

É complicado?

Sim!

Muito difícil nos posicionarmos perante uma situação ou contexto que não imaginamos como seja.

A medida inteligente seria a da abstenção do julgamento, seja de quem for, não importando a situação.

Quando somos afetados pelas ações alheias, é natural que acionemos os mecanismos de defesa, emocionais ou não. Ninguém, ao ser agredido, segue sorrindo. Uma vez desafiados, precisamos atentar acerca do que iremos fazer do desafio que nos foi imposto.

Revidar, agredir, difamar são ações que, antes de qualquer coisa, terminam por sujar as nossas mãos e nos tornar iguais aos nossos agressores.

O verdadeiro e único desafio é exercitar o autocontrole antes de se tomar qualquer atitude. E para isso, necessitamos da ação do tempo, pois é ele que nos permitirá recobrar o equilíbrio emocional nos levando a refletir sobre tudo.

A questão é: o que eu faria se estivesse no lugar do outro e nas mesmas condições?

As pessoas ofertam aquilo que elas têm dentro delas, não existem milagres. Só dá amor quem tem amor, só manifesta paciência quem tem essa virtude nas ações.

A música, "Esquinas" do grande compositor Djavan nos fala de maneira poética:

Inimigo Íntimo

Só eu sei
As esquinas por que passei
Só eu sei
Só eu sei
Sabe lá o que é não ter
E ter que ter pra dar
Sabe lá
E quem será
Nos arredores do amor
Que vai saber reparar
Que o dia nasceu
Só eu sei
Os desertos que atravessei

De algumas manifestações emocionais ainda não dispomos para dar, por isso, existem pessoas que são como são. Por mais que se demonstre a necessidade de nova conduta, elas não alcançam e não compreendem tal necessidade.

E cada um de nós é um Universo, cada qual dentro das possibilidades que tem.

Se conseguíssemos desenvolver um olhar mais abrangente em relação aos outros, seríamos menos afetados emocionalmente pelas ações que eles praticam.

É impossível se conseguir manifestar um sentimento de alteridade em todos os momentos, mas nada nos impede em situações mais complicadas de tentar nos colocar no lugar do outro. Essa atitude de aproximação da dor do outro nos humaniza e aproxima emocionalmente.

Um olhar mais humanizado gera compreensão e aceitação das diferenças.

Conseguir desenvolver a percepção de ver a dor no outro pode nos ajudar a aceitar a dor em nós. Até mesmo nos momentos mais dolorosos é possível aprender desde que nosso olhar contemple a realidade.

Existe uma relação de interdependência entre todas as criaturas. Ainda que algumas se comportem feito ilhas humanas, alguns sentimentos comuns nos aproximam de maneira irreversível. Então, vivemos vidas independentes, mas ligadas por sentimentos e emoções que afetam o coletivo emocional.

Inimigo Íntimo

É evidente que existem corações endurecidos e indiferentes, mas o cuidado com a nossa saúde psíquica passa pela adoção de novas posturas diante do que a vida tem a nos ensinar.

Quanto mais solidário o homem, menos solitário ele vive com seus conflitos e com seus fantasmas.

21

HUMILDADE

*Pensamos demasiadamente e
sentimos muito pouco.
Necessitamos mais de humildade
que de máquinas. Mais de bondade
e ternura que de inteligência.
Sem isso, a vida se tornará
violenta e tudo se perderá.*

CHARLES CHAPLIN

Enganam-se aqueles que compreendem a humildade como uma condição de pobreza e de resignação absoluta, pelo contrário, quem adquire a virtude da humildade atinge mais compreensão da vida.

A humildade é uma virtude que se mostra na vivência da riqueza que ela traz para nossas vidas.

Ser humilde é ter a exata dimensão das suas reais potencialidades.

Uma vez introjetada no comportamento humano a humildade previne diversos males emocionais, ao mesmo tempo que dilata a nossa visão e compreensão da vida.

Um homem humilde não é aquele que se apresenta de maneira modesta no vestir, mas aquele se veste de respeito pelo semelhante, que se adorna de fraternidade e que não menospreza a condição de inferioridade do outro, mesmo sabendo que naquele momento ela existe.

O escritor Miguel de Cervantes afirma que:

a humildade é a base e o fundamento
de todas as virtudes e sem ela não
há nenhuma que o seja.

Base de todo edifício emocional seguro, a humildade é virtude nobre que eleva o homem a um patamar de compreensão do seu semelhante. A humildade é respeitosa, é paciente, é caridosa e expressa genuíno sentido de solidariedade.

A história descrita abaixo, de autoria desconhecida, fala-nos da importância da humildade:

"A roupa do Mandarim"

Quanto pesa a responsabilidade de um cargo?

Observa-se que muitos perseguem nomeações para cargos e disputam, com ardor, lugares que lhes conferirão autoridade sobre outros.

Contudo, quando assumem postos de comando esquecem-se dos objetivos reais para os quais foram ali colocados, passando a agir em seu próprio favor.

Tal posição nos recorda a história de um homem que foi nomeado Mandarim, uma espécie de conselheiro na China.

Envaidecido com a nova posição, pensou em mandar confeccionar roupas novas.

Seria um grande homem, agora.

Importante.

Um amigo lhe recomendou que buscasse um velho sábio, um alfaiate especial que sabia dar a cada cliente o corte perfeito.

Depois de cuidadosamente anotar todas as medidas do novo Mandarim, o alfaiate lhe perguntou há quanto tempo ele era Mandarim.

A informação era importante para que ele pudesse dar o talhe perfeito à roupa.

– Ora, perguntou o cliente, o que isso tem a ver com a medida do meu manto?

Paciente, o alfaiate explicou:

– A informação é preciosa.

– É que um Mandarim recém-nomeado fica tão deslumbrado com o cargo que anda com o nariz erguido, a cabeça levantada. Nesse caso, preciso fazer a parte da frente maior que a de trás.

– Depois de alguns anos, está ocupado com seu trabalho e os transtornos advindos de sua experiência. Torna-se sensato e olha para diante para ver o que vem em sua direção e o que precisa ser feito em seguida.

Para esse costuro um manto de modo que fiquem igualadas as partes da frente e a de trás.

– Mais tarde, sob o peso dos anos, o corpo está curvado pela idade e pelos trabalhos exaustivos, sem falar na humildade que adquiriu pela vida de esforços. É o momento de eu fazer o manto com a parte de trás mais longa.

– Portanto, preciso saber há quanto tempo o senhor está no cargo para que a roupa lhe assente perfeitamente.

O homem saiu da loja pensando muito mais nos motivos que levaram seu amigo a lhe indicar aquele sábio alfaiate, e menos no manto que viera encomendar.

O personagem Mandarim assemelha-se a muitos de nós que não conseguimos administrar as efêmeras posições humanas.

Em certos momentos da vida, as coisas caminham de maneira favorável e simples, mas a vaidade obscurece a visão e o homem se perde, permitindo que seu inimigo íntimo assuma o comando de suas ações.

Humildade adquirida é uma vacina que se aplica na alma, prevenindo diversas enfermidades emocionais.

22

GRATIDÃO

A gratidão desbloqueia a abundância da vida. Ela torna o que temos em suficiente, e mais. Ela torna a negação em aceitação, caos em ordem, confusão em claridade. Ela pode transformar uma refeição em um banquete, uma casa em um lar, um estranho em um amigo. A gratidão dá sentido ao nosso passado, traz paz para o hoje, e cria uma visão para o amanhã.

MELODY BEATTIE

A gratidão é a arte de calar nossos desejos dando-nos a exata dimensão do quanto temos e não percebemos.

Ser grato cessa os conflitos íntimos, promove o armistício da criatura com a vida.

A gratidão é um estado emocional elevado em que a criatura experimenta a saciedade nas coisas que possui, mesmo que não viva na opulência.

Quando vivemos com sede e fome do desnecessário a paz nos falta. Experimentamos uma espécie de angústia que se equipara a uma asfixia interior, é o desejo desmedido que furta o sono e promove o apego. É o inimigo íntimo que aflora como se surgisse no deserto, onde nada satisfaz, aumentando a sede que tem nome de ganância, que é alimentada pela ambição.

A narrativa a seguir, de um autor desconhecido, ilustra muito bem o que a falta de gratidão promove no comportamento humano:

> *Depois de um dia de caminhada pela mata, mestre e discípulo retornavam ao casebre, seguindo por longa estrada. Ao passarem próximo a uma moita de samambaia, ouviram um gemido. Verificaram e descobriram um homem caído.*
>
> *Estava pálido e com uma grande mancha de sangue, próxima ao coração. Tinha*

sido ferido e já estava próximo da inconsciência. Com muita dificuldade, mestre e discípulo o carregaram para o casebre rústico, onde viviam. Lá trataram do ferimento. Uma semana depois, já restabelecido, o homem contou que havia sido assaltado e que ao reagir fora ferido por uma faca. Disse também que conhecia seu agressor, e que não descansaria enquanto não se vingasse. Disposto a partir, o homem disse ao sábio: 'Senhor, muito lhe agradeço por ter salvado a minha vida. Tenho que partir e levo comigo a gratidão por sua bondade. Vou ao encontro daquele que me atacou e vou fazer com que ele sinta a mesma dor que senti'.

O mestre olhou fixo para o homem e disse:

— Vá e faça o que deseja. Entretanto, devo informá-lo de que você me deve três mil moedas de ouro, como pagamento pelo tratamento que lhe fiz.

O homem ficou assustado e disse:

– Senhor, é muito dinheiro. Sou um trabalhador e não tenho como lhe pagar esse valor!

Com serenidade, tornou a falar o sábio:
– Se não pode pagar pelo bem que recebeu, com que direito quer cobrar o mal que lhe fizeram?

O homem ficou confuso, e o mestre concluiu:
– Antes de cobrar alguma coisa, procure saber quanto você deve. Não faça cobrança pelas coisas ruins que aconteçam em sua vida, pois a vida pode lhe cobrar tudo de bom que lhe ofereceu.

A felicidade do homem no mundo deveria ser a posse do que lhe é necessário para viver. Entretanto, muitos alcançam a posse do necessário, mas a ilusão acena com a possibilidade de prazeres maiores, então, o homem incauto atira-se à conquista do que não necessita, e nessa contenda perde a paz.

Para alguns, o necessário é a manutenção de uma vida física com dignidade, para outros, o mundo todo não seria suficiente para atenuar sua sede de poder.

O sentimento de gratidão e aceitação é como uma fonte de água cristalina que sacia e pacifica o coração humano.

Muitas situações dolorosas seriam postas a termo se o homem aceitasse que existem coisas que ele não pode transformar.

A rebeldia, a inconformidade com algumas situações promovem crimes e delitos de toda ordem que só agravam a saúde emocional das criaturas.

Onde falta aceitação e gratidão o orgulho reina absoluto, fazendo com que o homem se acredite credor de tudo e de todos.

Ser grato e resignado não é demonstração de fraqueza, pelo contrário, é a manifestação exata de que a maturidade emocional se revela.

O escritor e pintor alemão Hermamm Hesse nos convida a refletir em uma de suas frases que revela aguda inteligência e sensibilidade:

Inimigo Íntimo

Só há felicidade se não exigirmos nada do amanhã e aceitarmos do hoje, com gratidão, o que nos trouxer. A hora mágica chega sempre.

A inconformação é um sinal evidente de primarismo emocional, pois podemos nos indagar: O que temos de fato na vida, além do momento atual?

Somos movidos a sonhos, mas nem tudo que almejamos nós conquistaremos, e as frustrações dão aquele tempero especial para revelar a nossa limitada capacidade em relação à vida.

Ser grato e resignado é promover a pacificação e fechar a porta de acesso ao inimigo íntimo que furta a nossa paz.

23

ALQUIMISTAS

*Somos alquimistas e podemos transformar
a dor em amor, a lágrima em sorriso.*

O AUTOR

A alquimia é uma prática antiga, a química exercitada na Era Medieval. Química, física, astrologia, arte, metalurgia, medicina, misticismo e religião compunham seu amplo espectro cognitivo.

A crença que corre os séculos é a de que os alquimistas se esforçavam por encontrar a Pedra Filosofal, a substância mítica, capaz de dar poder, de transformar tudo em ouro e, mais ainda, de proporcionar a quem a encontrasse a vida eterna e a cura de todos os males.

A temática é instigante, e não foram poucos os livros e os filmes criados para explorar todo esse contexto mítico.

Os séculos se escoam na esteira do tempo, e o homem moderno e tecnológico consegue transformar em ouro a "Pedra Filosofal" desses dias, que é a informação e o conhecimento.

A instantaneidade e o imediatismo das informações colocam o homem *in loco* em todos os cantos do planeta, testemunhando todos os acontecimentos. Os mais bem informados estão na vanguarda das maiores conquistas, pois detêm o conhecimento.

Por outro lado, em tempos de redes sociais e processos instantâneos de comunicação, surgem também os interessados e manipuladores de informações. Verdadeiras quadrilhas cibernéticas, aproveitando-se da limitação de muitos, lançam diariamente nas mídias de comunicação as *Fake News*, notícias falsas, fabricadas, para gerar confusão e direcionar as populações do mundo para manter os interesses de uma minoria.

O tempo passa, mas a maior parte da humanidade ainda se deixa manipular. Para muitos é confortável não pensar, não assumir a própria vida.

Assumir o protagonismo do seu destino, promover a alquimia na intimidade da alma e sufocar o inimigo íntimo ainda representam uma conduta adotada por poucos.

Grande parte da sociedade ainda se deixa conduzir feito gado no curral. E a vida virtual tem se caracterizado também sob esse aspecto, pois, quando compartilhamos informações que já nasceram corrompidas contribuímos para que a cerca dos currais da ignorância estenda-se por todo planeta.

O ouro desses dias é o conhecimento que liberta da ignorância, não apenas da ignorância que diz respeito ao que ocorre no mundo exterior, mas principalmente daquela que se desenvolve dentro de nossa alma.

O homem é naturalmente um alquimista deslumbrado, que se inebria com o mundo exterior, esquecendo-se do grande laboratório em seu coração.

Passamos a maior parte do tempo reagindo aos estímulos exteriores, com isso, somos criaturas reagentes, mas nunca agentes do próprio destino.

O eminente inventor norte-americano, Thomas Edson, convida-nos a refletir profundamente nessas questões com seu pensamento:

5% das pessoas pensam. 10% das pessoas pensam que pensam. Os outros 85% preferem morrer a pensar.

Vivemos um momento ímpar na história da evolução humana – a era do pensamento. É preciso pensar para ser feliz, é preciso se conhecer, assumir o processo da própria alquimia.

A única e verdadeira *Pedra Filosofal* capaz de gerar riquezas e curar os males da alma encontra-se dentro de nós.

Ter consciência que os processos alquímicos de paz e bem-estar se processam em nosso psiquismo é experimentar gozo e liberdade.

Na Antiguidade, os alquimistas desejavam transformar os metais menos nobres, como o chumbo, em ouro. Hoje, somos convidados a iniciar esse mesmo processo, que não é místico, mas real e palpável – o da alquimia do amor em nós. Transformar o ódio em amor, o desequilíbrio em harmonia, o egoísmo em altruísmo, a guerra em paz.

Esses são alguns dos processos *químicos* que devemos desenvolver em nossa intimidade para que os males sejam curados, e a vida seja cada vez mais consentida em sua plenitude.

A descoberta de que o mal a ser combatido reside em nosso estado emocional deseducado é um grande convite para que a alquimia nasça nos corações de boa vontade.

24

Mudanças

Toda reforma interior e toda mudança para melhor dependem exclusivamente da aplicação do nosso próprio esforço.

Immanuel Kant

Toda mudança é um processo de alquimia emocional.

Algumas mudanças são promovidas pelas nossas próprias ações, outras, são arquitetadas pela vida a fim de que possamos sair do estado de letargia que muitas vezes alimentamos em nosso comportamento.

A vida em toda sua manifestação é expressão certa de inumeráveis mudanças. Mesmo quando nos mantemos refratários às mudanças exigidas pela dinâmica da vida, as situações se modificam. O contexto se altera e o panorama se diversifica.

A grande e necessária mudança se dá na intimidade da alma, pois, quando mudamos o nosso olhar as situações se alteram.

Ouvi certa vez a história de um rei que mudou a perspectiva do seu olhar e do seu entendimento e, com isso administrou o sofrimento de maneira diferente para uma mesma situação.

A história é essa e o autor é desconhecido:

"O Rei e o Sábio"

Era uma vez...

Um rei que morava num riquíssimo castelo.

Um dia, levantou-se apavorado. Havia tido um sonho terrível no qual teria perdido de uma só vez todos os dentes. Preocupado, ordenou:

– Chame o meu melhor sábio.

Em poucos minutos, lá estava o sábio diante do rei.

Após contar-lhe o sonho terrível, ordenou-lhe:

– Diga-me, sábio, o que significa esse meu sonho?

O sábio pensou... Pensou... Pensou... E, virando-se para o rei, disse-lhe:

– Majestade, vai acontecer uma desgraça na sua família. Uma doença terrível vai invadir o castelo e morrerá o mesmo número de parentes tanto quanto for o número de dentes perdidos, em seu sonho.

O rei, furioso, ordenou ao seu comandante da guarda que amarrasse o sábio no toco e lhe desferisse cem chibatadas diante de todos os súditos.

– Chame outro sábio, este é um idiota – ordenou aos gritos.

Logo, logo, lá estava o outro sábio diante do rei. Contando-lhe todo o sonho terrível, ordenou-lhe:

– Diga-me, sábio, *o que significa esse sonho?*

O sábio pensou... Pensou... Pensou... E, olhando nos olhos do rei deu um sorriso largo, disse:

– Vossa Majestade é realmente um iluminado, um protegido por Deus. O número de dentes que sonhou perder será o mesmo *número de familiares que morrerão vítimas de uma doença terrível.*

– Mas, apesar de toda a desgraça do castelo, Vossa Alteza irá sobreviver são e salvo.

O rei, feliz da vida, ordenou que lhe entregassem cem moedas de ouro.

Quando este saía do palácio, um dos cortesãos lhe disse admirado:

– Não é possível! A interpretação que você fez foi a mesma que o seu colega havia feito. Não entendo por que ao primeiro ele puniu com cem chibatadas e a você com cem moedas de ouro.

– Lembra-te, meu amigo – respondeu o adivinho – que tudo depende da maneira de dizer. Um dos grandes desafios da humanidade é aprender a arte de comunicar-se. Da comunicação depende, muitas vezes, a felicidade ou a desgraça, a paz ou a guerra. Que a verdade deve ser dita em qualquer situação, não resta dúvida. Mas a forma com que ela é comunicada é que tem provocado, em alguns casos, grandes problemas. A verdade pode ser comparada a uma pedra preciosa. Se a lançarmos no rosto de alguém

pode ferir, provocando dor e revolta. Mas se a envolvermos em delicada embalagem e a oferecermos com ternura, certamente será aceita com facilidade. A embalagem, nesse caso, é a indulgência, o carinho, a compreensão e, acima de tudo, a vontade sincera de ajudar a pessoa a quem nos dirigimos. Ademais, será sábio de nossa parte se antes de dizer aos outros o que julgamos ser uma verdade, dizê-la a nós mesmos diante do espelho. E, conforme seja a nossa reação, podemos seguir em frente ou deixar de lado o nosso intento. Importante mesmo é ter sempre em mente que o que fará diferença é a maneira de dizer as coisas...

Somos criaturas condicionadas a certos comportamentos e resistentes às mudanças, uns mais, outros menos.

Necessitamos aprender a desconstruir muitos conceitos e ideias que nos fazem sofrer, que nos mantêm presos a territórios limitados.

Uma mesma situação, retratada na história do rei e o sábio, pode ser contemplada sob diversos aspectos. Ocorre, que nosso atavismo de sombras nos leva sempre a contemplar a pior perspectiva de qualquer situação.

Embora seja sempre difícil mudar algumas coisas, é a mudança que nos propicia a alquimia da transformação interior, da renovação psíquica.

Queiramos ou não, algumas pessoas serão levadas do nosso convívio, serão tiradas da nossa vida.

Aceitemos ou não, a vida está se metamorfoseando diante dos nossos olhos, e a partir de nós com o passar dos anos. São ciclos, períodos, cada qual com sua beleza, com sua magia e possibilidade de ser feliz.

É imperativo que nos indaguemos, seja qual for a situação vivida:

O que essa situação veio me dizer?

Qual o novo jeito de olhar a vida? Que essa dor veio propor?

Alguns cerram os olhos e o coração na revolta. Outros se entregam à depressão e à tristeza, por não aceitar a sua limitação diante da grandeza da vida.

Compreender essa realidade não é se abandonar, muito menos deixar de sonhar, pelo contrário, é aprender que alguns processos não dependem apenas da nossa vontade. É permitir que a vida faça a parte dela.

Mudanças são as reações da vida aos processos da alquimia promovida pelas nossas escolhas.

É impossível ter *aquela velha opinião formada sobre tudo* (Raul Seixas), e quem mantém a velha opinião sofrerá a varredura imposta pelo tempo, e essa é implacável.

25

Convivência

Com o andar dos tempos, mais as atividades da convivência e as trocas genéticas, acabamos por meter a consciência na cor do sangue e no sal das lágrimas, e, como se tanto fosse pouco, fizemos dos olhos uma espécie de espelhos virados para dentro, com o resultado, muitas vezes, de mostrarem eles sem reserva o que estávamos tratando de negar com a boca.

José Saramago

Sem dúvida alguma, o atritar do convívio com algumas pessoas é profundamente desafiador. Algumas pessoas ao nosso lado são extremamente desagradáveis, e se fosse possível, o melhor seria conviver apenas com os que nos compreendem. Gostaríamos muito que o mundo atendesse aos nossos desejos e sonhos. Esses pensamentos denotam a nossa limitação e mesquinhez em compreender a grandeza e a sabedoria da vida.

São esses desafios que provocam as reações emocionais, muitas vezes contraditórias, que podem nos levar às mudanças psicológicas necessárias ao nosso equilíbrio.

Sem habilidade para lidar com as diferenças, seja no lar, ou no contexto social, nosso processo de crescimento não se daria.

Os que nos desafiam são os que nos instigam ao despertamento.

Uma pequena e interessante história pode ilustrar os nossos argumentos:

"A Rosa e o Sapo"

Era uma vez uma rosa muito bonita, a mais linda do jardim.

Mas começou a perceber que as pessoas somente a observavam de longe. Acabou se dando conta de que, ao seu lado, sempre havia um sapo e por essa razão ninguém se aproximava.

Irritada com a descoberta, ordenou ao sapo que fosse embora.

O sapo, humildemente, disse:

– Está bem, se é o que deseja.

Algum tempo depois o sapo passou por onde estava a rosa e se surpreendeu ao vê-la acabada, sem folhas nem pétalas.

Penalizado, disse:

– Que coisa horrível, o que aconteceu com você?

A rosa respondeu:

– As formigas começaram a me atacar dia após dia, e agora nunca voltarei a ser bela como era antes.

O sapo respondeu:

– Quando eu estava por aqui, comia todas as formigas que se aproximavam de ti. Por isso é que eras a rosa mais bonita do jardim.

Quantas pessoas que estão ao nosso lado absorvem males que nos fragilizariam muito. Nada no contexto da nossa vida é promovido pelo acaso.

As pessoas, boas ou más, irritantes ou agradáveis, todas elas cumprem um papel de relevada importância no processo de nossa transformação.

Nada é em vão, por isso, a vida é maravilhosa.

É preciso despertar para as belezas singulares que nos afetam, não me refiro à beleza que encanta os olhos. Falo da orquestração manifestada por uma inteligência superior que a tudo provê.

Com os olhos de carne podemos enxergar as nuances e delicadezas da natureza. No entanto, na beleza da vida humana existe muito mais a ser visto, mas essa visão só se desenvolve para os que têm outro tipo de olhar – a visão sensível do coração.

A poesia de Willian Blake nos remete, se cerrarmos os olhos, a esse olhar que a alma desperta pode ter:

Ver um mundo num grão de areia
E um céu numa flor silvestre
Ter o infinito na palma da mão
E a eternidade numa hora.

O homem não foi criado para se arrastar pelo mundo, ele está na Terra para viver a alquimia do amor que existe em sua alma.

A luz mora em nós, mas precisamos educar as nossas emoções para que ela brilhe.

O escritor e jornalista Luciano Trigo nos conta:

Como se sabe, Michelangelo Buonarroti (1475-1564) foi um genial artista do Renascimento italiano: entre suas esculturas, estão a Pietà e o David, realizadas antes de ele completar 30 anos; são dele as pinturas monumentais do Gênesis e do Juízo Final, no teto da Capela Sistina; e é também de sua autoria o projeto da cúpula da Basílica de São Pedro, em Roma. Conta-se que, ao terminar a estátua Moisés, ficou tão fascinado com a perfeição da obra que gritou "Perchè non parli?" ('Por que não fala?') e desferiu um violento golpe de martelo no joelho da escultura. Para Michelangelo, a missão do escultor era libertar as formas que já se encontravam dentro da pedra.

Inimigo Íntimo

A sensibilidade de um grande artista concebe que dentro de um bloco de pedra exista uma obra-prima. E sua capacidade se exterioriza quando no domínio de sua mente, de suas emoções, ele lapida a pedra bruta fazendo surgir o belo.

A educação dos nossos sentimentos, a educação das sensações no trato com o semelhante faz surgir a beleza da compreensão.

26

Solidão

Sim, minha força está na solidão. Não tenho medo nem de chuvas tempestivas nem das grandes ventanias soltas, pois eu também sou o escuro da noite.

Clarice Lispector

No texto anterior, falávamos sobre as reações emocionais provocadas dentro do *coração*, pela convivência com os diferentes.

A sagacidade da grande Clarice Lispector, em um único parágrafo, faz-nos refletir acerca das forças da alma nascidas das situações desafiadoras.

É justamente nos momentos de solidão que temos a oportunidade de silenciar a balbúrdia mental das inquietações, para ouvir as petições da nossa mente.

Semelhante a muitos sentimentos e situações que experimentamos no decorrer da vida, a solidão tem variadas características a depender do momento em que aconteça.

Se é pelo fim de um relacionamento, ela pode vir acompanhada de melancolia e tristeza. Mas, se ela vem de maneira a promover as reflexões necessárias e a pausa das lutas do mundo, a solidão é uma situação paradisíaca para quem precisa renovar as forças psíquicas.

A solidão também é poesia, quando nos faz perceber as belezas de um encontro conosco mesmos.

Embora possa parecer para alguns, a solidão não é um lobo traiçoeiro, pronto a nos devorar quando nos sentimos sozinhos. É sempre importante tirar o que de melhor qualquer situação tem a nos oferecer.

No bulício desses dias de muita tecnologia, ninguém consegue se sentir sozinho quando tem um telefone celular.

Na verdade, existem sim, quadros de profunda solidão, mesmo quando estamos cercados de uma multidão.

Quadros depressivos e outras tantas fobias emocionais da modernidade arrojam a criatura humana a pavorosas sensações de solidão.

É muito importante que possamos aprender com tudo que nos acontece, e jamais nos identificar com o que nos faz sofrer. Muitas vezes é uma questão de treinamento emocional, de alteração do padrão mental de comportamento.

Quando experimentamos desconforto com os sentimentos que trazem angústia é importante acender a luz de alerta e buscar outros ares e novas atitudes.

Alguns condicionamentos emocionais podem se tornar viciosos, contribuindo assim para a instalação de quadros mórbidos delicados.

Do mesmo modo que as demais situações, a solidão tem muito a ensinar, mas quando ela resvala em sentimentos de baixa estima, cuidado, fuja da melancolia.

Uma pequena história de nome, "A coragem", exemplifica muito bem o que o condicionamento pode ocasionar:

Inimigo Íntimo

Um treinador de circo consegue manter um elefante aprisionado porque usa um truque muito simples: quando o animal ainda é criança, ele amarra uma de suas patas num tronco muito forte. Por mais que tente, o elefantinho não consegue se soltar.

Aos poucos, vai se acostumando com a ideia de que o tronco é mais poderoso que ele. Quando adulto e dono de uma força descomunal, basta colocar uma corda no pé do elefante e amarrá-la num graveto que ele nem tenta libertar-se – porque se lembra que já tentou muitas vezes, mas não conseguiu.

Assim como os elefantes, nossos pés estão amarrados em algo frágil. Mas como, desde criança, nos acostumamos com o poder daquele tronco, não ousamos fazer nada. Sem saber que basta um simples gesto de coragem para descobrir toda nossa liberdade.

(Maktub – Paulo Coelho).

Seja como for a solidão, ela representa sempre uma grande oportunidade de entrevista com a nossa consciência, para refletirmos sobre a nossa vida.

E Drumondeando, a gente encerra essa reflexão acerca da solidão, essa companhia, às vezes, necessária, às vezes, incômoda.

"Desperdício"

Solidão, não te mereço,
pois que te consumo em vão.
Sabendo-te embora o preço,
calco teu ouro no chão.

Carlos Drummond de Andrade,
em *Viola de Bolso*

27

Silêncio e paciência

O silêncio é um amigo que nunca trai.
Confúcio

O silêncio pode parecer reflexo da solidão, mas não é.

Silenciar é abrir a boca da alma para os ouvidos divinos. É silenciar os desejos, a revolta, o sentimento de vingança e de revide.

A paciência é a alma fazendo silêncio.

A construção do nosso ser passa pelo silêncio que saibamos fazer.

Já parou para pensar em como o silêncio é significativo em nossas vidas?

O silêncio que precede a sentença ao condenado.

O silêncio de alguém que aguarda um diagnóstico. A voz silenciosa do tempo, na antecâmara de um centro cirúrgico, fala muito ao paciente.

O silêncio é extremamente necessário em nós, para que Deus nos fale pelo canal do coração.

A falta do silêncio que a falta de paciência produz é ensurdecedora.

Eu me recordo de singela história, que li em "As mais belas histórias Budistas e... outras belas histórias", a respeito das marcas que o grito da ausência de paciência pode produzir em outros corações:

Esta é a história de um menino que tinha um mau caráter. Seu pai lhe deu um saco de pregos e lhe disse que cada vez que perdesse a paciência, ele deveria pregar um prego atrás da porta.

No primeiro dia, o menino pregou 37 pregos atrás da porta. As semanas seguiram, e à medida que ele aprendia a controlar seu gênio, pregava cada vez menos pregos atrás da porta. Com o tempo descobriu que era mais fácil controlar seu gênio que pregar pregos atrás da porta.

Chegou o dia em que pôde controlar seu caráter durante todo o dia.

Depois de informar a seu pai, este lhe sugeriu que retirasse um prego a cada dia que conseguisse controlar seu caráter. Os dias se passaram, e o jovem pôde finalmente anunciar a seu pai que não havia mais pregos atrás da porta.

Seu pai o pegou pela mão, o levou até a porta e lhe disse: – meu filho, vejo que tens trabalhado duro, mas veja todos estes buracos na porta.

Nunca mais será a mesma.

– Cada vez que tu perdes a paciência, deixas cicatrizes exatamente como as que vês aqui. Tu podes insultar alguém e retirar o insulto, mas dependendo da maneira como falas poderás ser devastador e a cicatriz ficará para sempre. Uma ofensa verbal pode ser tão daninha como uma ofensa física.

– Os amigos são joias preciosas. Nos fazem rir e nos animam a seguir adiante. Nos escutam com atenção e sempre estão prontos a abrir seu coração.

Quando nos deparamos com aquelas pessoas, que são vocacionadas a nos provocar, devemos calar a nossa insatisfação, pois é essa a melhor medida para garantir nosso bem-estar emocional.

Sabemos que o mal existe por aí, e é preciso se proteger de suas arremetidas.

Mais vale a nossa paz manifestada pelo silêncio, do que o nosso orgulho satisfeito por um revide inoportuno.

E como nos ensina a história: algumas palavras após serem pronunciadas devastam e lesam emocionalmente o outro.

Não devemos nos preocupar com o mal alheio, o importante é não acumular lixos emocionais na mente e no coração.

Quando "perdemos" a paciência franqueamos às outras pessoas o domínio sobre as nossas emoções. Desencadeia-se, assim, desequilíbrios de toda ordem dentro de nosso ser, e, à medida que buscamos soluções para o revide, mais nos enlameamos no lodo do provocador.

Silêncio!

O silêncio é necessário para ouvirmos as belezas da vida, para escutarmos a voz da paz e do amor.

Ante as provocações do mundo, respire fundo, conte até dez, deixe a raiva secar, como nos ensina esse pequeno conto também extraído de "As mais belas histórias budistas e... outras belas histórias":

Mariana ficou toda feliz porque ganhou, de presente, um joguinho de chá, todo azulzinho, com bolinhas amarelas.

No dia seguinte, Júlia, sua amiguinha, veio bem cedo convidá-la para brincar.

Mariana não podia, porque ia sair com sua mãe naquela manhã.

Júlia, então, pediu à coleguinha que lhe emprestasse o seu conjuntinho de chá para que ela pudesse brincar sozinha na garagem do prédio. Mariana não queria emprestar, mas, com a insistência da amiga, resolveu ceder, fazendo questão de demonstrar todo o seu ciúme por aquele brinquedo tão especial.

Ao regressar do passeio, Mariana ficou chocada ao ver o seu conjuntinho de chá jogado no chão. Faltavam algumas xícaras e a bandejinha estava toda quebrada.

Chorando e muito nervosa, Mariana desabafou:

– Está vendo, mamãe, o que a Júlia fez comigo? Emprestei o meu brinquedo, ela estragou tudo e ainda deixou jogado no chão.

Totalmente descontrolada, Mariana queria, porque queria ir ao apartamento de Júlia pedir explicações. Mas a mamãe, com muito carinho, ponderou:

– Filhinha, lembra daquele dia quando você saiu com seu sapatinho novo todo branquinho e um carro, passando, jogou lama em seu sapato? Ao chegar à sua casa você queria lavar imediatamente aquela sujeira, mas a vovó não deixou.

– Você lembra do que a vovó falou?

– Ela falou que era para deixar o barro secar primeiro. Depois ficava mais fácil limpar.

– Pois é, minha filha! Com a raiva é a mesma coisa. Deixa a raiva secar primeiro. Depois fica bem mais fácil resolver tudo.

Mariana não entendeu muito bem, mas resolveu ir para a sala ver televisão.

Logo depois alguém tocou a campainha. Era Júlia, toda sem graça, com um embrulho na mão. Sem que houvesse tempo para qualquer pergunta, ela foi falando:

– Mariana, sabe aquele menino mau da outra rua que fica correndo atrás da gente? Ele veio querendo brincar comigo e eu não deixei. Aí ele ficou bravo e estragou o brinquedo que você havia me emprestado. Quando eu contei para a mamãe ela ficou preocupada e foi correndo comprar outro brinquedo igualzinho para você. Espero que você não fique com raiva de mim. Não foi minha culpa.

– Não tem problema – disse Mariana – minha raiva já secou.

E, tomando a sua coleguinha pela mão, levou-a para o quarto para contar a história do sapato novo que havia sujado de barro.

A precipitação aliada à falta de paciência acarreta delicados problemas para a pessoa invigilante.

Quantas amizades não foram desfeitas, quantas rupturas em família já ocorreram devido à falta do silêncio.

Silenciar não é conivir, antes é usar de critério e paciência para não cometer injustiças.

A fim de avaliarmos com lucidez e discernimento qualquer situação que nos chegue, é fundamental que não nos deixemos levar pela primeira impressão que ao impacto da emoção, invariavelmente, causa engano.

O desafio de promover a alquimia dos nossos sentimentos e emoções passa pelo domínio da reação às ações alheias, que abeira os nossos sentidos e a nossa percepção.

28

Olhos de ver

*Quem eu sou, você só vai perceber
quando olhar nos meus olhos,
ou melhor, além deles.*

CLARICE LISPECTOR

Certamente, você já ouviu a seguinte colocação:

*Quem seca a lágrima alheia, não
tem tempo de chorar a sua.*

Autor desconhecido

Eis aí um grande desafio para esses tempos de profundo egoísmo: perceber a dor do outro.

Melhor ainda, perceber o outro.

Nossa visão é bem seletiva, e temos o mal hábito de manter nossa atenção voltada apenas para as coisas que são do nosso agrado.

E é interessante como isso se processa, porque a grande realidade nos mostra que algumas pessoas estão bem ao nosso lado pedindo socorro e não percebemos.

Quanta gente vê, mas não enxerga, quantos ouvem, mas não escutam o que muitos gritam.

Vive-se sob um estado de hipnose egoística, em que perceber o outro é processo de despertamento para poucos.

É a vida instantânea, imediatista, vida miojo, ou a vida das relações líquidas de que tanto fala o sociólogo Zygmunt Bauman.

Vivemos o tempo das incertezas e da solidão.

Pode-se estar cercado por uma multidão – de pessoas solitárias, que não conseguem se perceber umas às outras.

Parece que a maioria vive em uma redoma de vidro, para viver melhor, mas ninguém se dá conta que a vida só pode ser plena no atritar dos relacionamentos.

Perceber o outro é o atalho para o conhecimento de si mesmo, pois nos refletimos nele, nos ouvimos no eco que nossas palavras e ações promovem no semelhante.

As pessoas se descartam umas às outras, pois relacionar-se pede a prática das concessões, contudo, são poucos os que estão dispostos a conceder.

Na busca incessante pela felicidade, vive-se a incerteza de que ela de fato existe.

Muitos creem que ser feliz é ter a posse de bens materiais, outros imaginam que a felicidade seja um destino, um ponto de chegada.

E à medida que a vida vai passando, a única certeza é que a vida é a lógica das incertezas.

Zygmund Bauman nos faz pensar de forma muito lucida a esse respeito:

> *A incerteza é o habitat natural da vida humana – ainda que a esperança de escapar da incerteza seja o motor de atividade de atividades humanas. Escapar da incerteza é um ingrediente fundamental presumido, de todas e quaisquer imagens compósitas da felicidade genuína, adequada e total sem-*

pre parece residir em algum lugar à frente: tal como o horizonte, que recua quando se tenta chegar mais perto dele.

De fato, a incerteza é o habitat natural da vida humana, mas o amor é algo que nos conforta na travessia da vida.

Por isso, é fundamental perceber a presença do outro em nossa existência, mas essa percepção para ser genuína necessita estar destituída de interesses.

Quando nosso olhar é direcionado por algo que particularmente nos desperte algum interesse ele já nasce poluído.

O olhar inclusivo, que se interessa honestamente pelo que se passa com o outro, é diferenciado e carrega em si a alegria de perceber a existência de outras vidas importantes para nós.

Toda ação individual repercute na coletividade.

Em tempos de incerteza, a melhor certeza que se pode ter é amar as pessoas. Sem que para isso o sentido de amar torne-se uma ação messiânica e coletiva.

A ação de amar passa pela percepção daqueles que estão bem próximos a nós, possivelmente, dentro da nossa própria casa.

Não raras vezes, notamos os outros nas atividades cotidianas, mas não enxergamos os que partilham conosco a ambiência familiar.

É preciso ver e enxergar com o coração, dilatar a nossa visão para além do que os olhos conseguem vislumbrar, como diz Clarice Lispector.

O olhar comum não tem a capacidade de perceber a alma como ela é.

As coisas materiais têm um poder de atração muito grande sobre os olhares humanos, e essa situação promove certa miopia na capacidade de ver o semelhante e se relacionar. Então, é preciso que a dor e a lágrima visitem o coração das pessoas, agindo como despertador para que o sentimento de percepção, quanto ao que é mais importante, se desenvolva.

A história a seguir ilustra muito bem essa realidade:

Foi há alguns anos.

A ex-governadora do estado do Texas assistiu à mãe doente, até o seu estágio terminal. Acompanhando-a dia a dia, observando como a doença ia minando as forças físicas e preparando aquele corpo para a morte. Ann Richards viu a drástica mudança que sua mãe sofreu.

Sua mãe era uma mulher que passou a vida inteira obcecada por cristais lapidados, baixelas de prata, toalhas de renda, porcelanas e joias.

E colecionava com extremo cuidado.

À medida que a doença foi destruindo o seu vigor físico e falando-lhe que a morte se aproximava, tudo aquilo deixou de ser importante.

Para ela só importavam agora as visitas, a família e os amigos.

A mudança foi radical.

Depois da morte da mãe, Ann Richards resolveu se livrar de todas as antiguidades da mãe que mais de uma vez tinham feito com que ela desse mais importância aos objetos do que às pessoas.

Montou um bazar na garagem.

Ela mesma comentou que tinha uma quantidade enorme de antiguidades, que podia competir com Jaqueline Onassis.

Num só dia, tudo foi embora. Vendido.

E a ex-governadora conclui:

– Aprendi que, para dar valor ao presente, preciso me livrar daquilo que me detém. Hoje, não hesito diante de nada. Nada é mais importante na vida do que as pessoas. As coisas têm o valor que lhes damos. E o valor muda com o tempo e as convenções sociais.

Em tempos antigos, o sal era tão precioso que se pagavam trabalhadores com ele. De onde, inclusive, surgiu a palavra salário.

Depois, os homens foram convencionando, no transcorrer do tempo, a considerar este ou aquele metal mais precioso. De um modo geral, aquele mais raro naquele momento.

Hoje, a preocupação é ter carro do ano, tapetes importados, roupas de grife. E existem pessoas que fazem coleções de objetos, livros, selos, perfumes. O importante é amontoar, ter bastante para mostrar com orgulho, como se fosse troféu conseguido à custa de grandes esforços.

No entanto, quando uma enfermidade chega, quando a solidão machuca, nenhum objeto, por mais precioso, por mais que o prezemos, conseguirá espantar a doença, diminuir a solidão.

São as pessoas com seu carinho, sua ternura, seus gestos simples, amizade, ternura, afeição que nos conferem forças para aguentar a dor e espantar a solidão.

São as pessoas que nos dão calor com seu aperto de mão, seu abraço, sua presença, seu olhar, seu sorriso...

São as pessoas que fazem a grande diferença em nossas vidas.

Podemos ser tantas coisas na vida do outro – paz, abrigo, carinho e atenção.

Apenas ouvir e nada falar, simplesmente acolher e também apoiar.

Não podemos ser tudo, mas podemos certamente ser o Cireneu silencioso nos momentos mais difíceis.

Ser para os outros, perceber a presença das pessoas em nosso caminho trazem a única certeza na vida – a de que amar sempre vale a pena.

29

VIDA E TEMPO

*A celebração de mais um ano
de vida é a celebração de um desfazer, um
tempo que deixou de ser, não mais existe.
Fósforo que foi riscado.
Nunca mais acenderá.
Daí a profunda sabedoria do ritual
de soprar as velas em festa de aniversário.
Se uma vela acesa é símbolo de vida, uma
vez apagada ela se torna símbolo de morte.*

RUBEM ALVES

Tanta gente se desespera diante da brevidade da vida.

As horas se sucedem, os dias passam, os anos correm.

A reflexão de Rubem Alves revela a grande verdade, de que cada ano, hora ou minuto é valor irrecuperável, pois não podemos reaver o que passou.

Essa realidade reflete o grande segredo e a beleza da vida.

Aquilatar o quanto desperdiçamos o tempo de viver é ação de poucos, já que vivemos uma época de ansiedades.

O homem comum toma café da manhã pensando no almoço, almoça pensando no jantar.

Nada pode ser mais precioso do que viver o curso das horas e dos minutos com a consciência de que devemos aproveitar todos os momentos de maneira intensa, fazendo sempre o melhor.

A nossa falta de saciedade sobre tudo é responsável pelas inquietações humanas, sentimentos que nos furtam a paz, e muitas vezes a lucidez.

Nossos desejos são responsáveis por nossos tormentos.

Uma passagem interessante do Eclesiastes: 3,1-8 nos diz que existe tempo para tudo debaixo do céu:

Tudo tem o seu tempo determinado, e há tempo para todo o propósito debaixo do céu.

Há tempo de nascer, e tempo de morrer; tempo de plantar e tempo de arrancar o que se plantou;

Tempo de matar, e tempo de curar; tempo de derrubar, e tempo de edificar;

Tempo de chorar, e tempo de rir; tempo de prantear e tempo de dançar;

Tempo de espalhar pedras e tempo de ajuntar pedras; tempo de abraçar e tempo de afastar-se de abraçar;

Tempo de buscar e tempo de perder; tempo de guardar e tempo de lançar fora;

Tempo de rasgar e tempo de coser; tempo de estar calado e tempo de falar;

Tempo de amar e tempo de odiar; tempo de guerra e tempo de paz.

O grande problema do homem moderno é que lhe falta capacidade para administrar a própria ansiedade.

Temos o minuto presente, o próximo é incerteza.

Quando estivermos em família, é importante estar com a família.

Se o momento for de trabalho, que se cumpra o tempo no trabalho com amor e dedicação.

Existe tempo para tudo sob o céu.

Tempo de alegria e tempo de lágrimas.

A vida é cíclica, é importante ter sabedoria para superar cada ciclo, isso ajuda a dar mais entendimento e sabor à bênção de viver.

À medida que o tempo passa caminhamos para a morte, teremos mais passado do que futuro.

O que passou, passou, o que está por vir ainda não veio, então, temos apenas o agora.

A pedra filosofal do conhecimento ensina que precisamos dosar desejos e expectativas, para que a vida seja mais consentida.

O relato a seguir, de autor desconhecido, sugere que vivamos os bons momentos, mesmo que as dificuldades se acentuem.

As lutas sempre existirão, os desafios sempre surgirão e toda dor sempre traz um componente educativo.

"Um convite para o despertar."

Um sujeito estava caindo num barranco e se agarrou às raízes de uma árvore. Em cima do barranco, havia um urso imenso querendo devorá-lo. O urso rosnava, babava e mostrava os dentes. Embaixo, prontas para engoli-lo quando caísse, estavam nada mais nada menos do que seis onças. As onças embaixo, urso em cima!!! Meio perdido, ele olhou para o lado e viu um morango, vermelho, lindo. Num esforço supremo, apoiou o seu corpo, sustentado apenas pela mão direita e, com a esquerda, pegou o morango. Então, levou o morango à boca e se deliciou com o sabor doce e suculento da fruta.

Foi um prazer supremo comer aquele morango. Aí você pensa: 'Mas e o urso'? Dane-se o urso e coma o morango! E as onças? Azar das onças, coma o morango! Sempre existirão ursos querendo devorar nossas cabeças e onças prontas para arrancar nossos pés. Mas nós precisamos sempre saber comer morangos. Você pode dizer: 'Mas eu tenho muitos problemas para resolver'! Mas os problemas não impedem ninguém de ser feliz. Coma o morango. Poderá não haver outra oportunidade. Saboreie os bons momentos. Não deixe para depois. O melhor momento para ser feliz é agora!

É fundamental ter qualidade e intensidade na convivência, e isso conta muito. De nada vale estar ao lado das pessoas que amamos, se permanecemos em estado de alheamento emocional.

As pessoas necessitam de sinais simples do nosso interesse por elas.

A esposa, após alguns anos de dedicação e da vivência da maternidade, necessita ter a percepção dos sinais do amor do marido, que necessariamente não precisam conter os arroubos da juventude, mas devem ser reais.

Os filhos desejam sempre perceber os sinais dos pais, mesmo que tenham se tornado adultos.

Algumas emoções permanecem na nossa memória afetiva e elas sempre exprimem segurança e afetividade.

É aquele gesto singelo de ajeitar o cobertor na hora de dormir; de dizer não esqueça o guarda-chuva; trouxe água pra você; almoçou hoje? Essas pequenas demonstrações equivalem ao "eu te amo" de cada dia. Manifestações amorosas que dão arejamento às relações, que exalam confiança e segurança.

É preciso ter tempo para viver as alegrias genuínas da vida, antes que o tempo passe e leve tudo embora.

30

Recomeços

A vida é feita de recomeços e isso implica mudanças que refletem nossa renovação emocional a traduzir-se por novas atitudes.

O autor

E sempre vem um dia novo. E uma nova hora, e outro minuto que chega.

Cada segundo é tempo para se fazer tudo diferente.

Não somos robôs que agimos de modo autômato, por isso, devemos estar sempre prontos para recomeçar.

Não sabemos quando a vida arrebatará da nossa convivência as pessoas amadas, então, é urgente amar agora, deixar de lado os empecilhos emocionais, as travas psicológicas.

Somos criaturas emocionais e passíveis de nos adaptar a muitos desafios, mas precisamos do combustível do amor para nos sustentar na travessia.

Coragem para mudar, resignação para aceitar o que não pode ser mudado.

Recicle seus pensamentos, renove suas expectativas, reinicie novo projeto.

O mais infeliz dos homens é aquele que não aceita o final de um ciclo.

É sempre assim, é preciso recomeçar, refazer, retomar.

Por fora, já desistiu.
Por dentro, sempre descobre
alguma desculpa para recomeçar.
Fabrício Carpinejar

Nada jamais continua,
Tudo vai recomeçar!
E sem nenhuma lembrança
Das outras vezes perdidas
Atiro a rosa do sonho
nas tuas mãos distraídas.
Mario Quintana

Inimigo Íntimo

O esperado nos mantém fortes, firmes e em pé. O inesperado nos torna frágeis e propõe recomeços.
Machado de Assis

É necessário ter o caos cá dentro para gerar uma estrela.
Friedrich Nietzsche

Não importa o tanto que se chorou até aqui, o que vale são os sorrisos que daremos de tudo isso amanhã. Recomece.

Somos seres mágicos, alquimistas das estrelas e estamos aqui para fazer a grande viagem pacificadora para dentro de nós.

Recomecemos, então, a caminhar pelos vales e planícies que há no nosso coração. Entendendo definitivamente que, malgrado certos conceitos religiosos, na Terra não existem culpados, apenas responsáveis pelas próprias escolhas.

Não existe ninguém, além de você, que pode impedir a realização dos seus sonhos.

Os inimigos se fortalecem dentro de nós quando desistimos da luta, quando perdemos a crença no próprio sonho.

Sua vida é o grande investimento da natureza, faça valer cada minuto, cada hora, fazendo sempre o seu melhor.

Dessa maneira, a sombra do medo perderá força, porque o seu brilho se intensificará, cada vez mais, iluminando sua trajetória.

Recomece sempre, pois a vida é um constante recomeçar.

MIND - Conheça e organize a sua casa mental
Haroldo Dutra Dias

Um livro que ensina a despertar a nossa consciência, equilibrar a nossa casa mental, com momentos especiais que permitem o fortalecimento de nossa espiritualidade. Aprendemos que buscar saúde física e psíquica não é um estilo, mas uma questão de qualidade de vida.

Empatia
Jaime Ribeiro

O desafio de educar uma geração a cada dia mais centrada em si mesma, que prefere enviar mensagens de texto a falar, permanecendo conectada à internet mais de oito horas por dia e, durante este tempo, vem expressando suas emoções por meio de emojis.

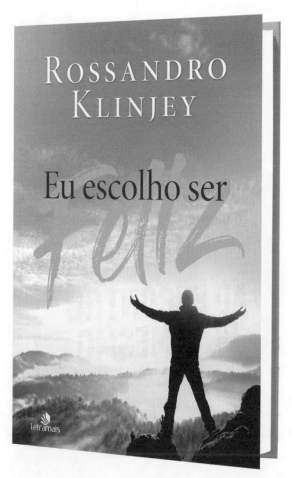

Eu escolho ser feliz
Rossandro Klinjey

O psicólogo clínico, Rossandro Klinjey, traz sua ampla experiência e nos convida, neste maravilhoso livro, a fazermos uma conexão conosco, a fim de descobrirmos a relação entre a nossa felicidade e a aceitação de quem somos no mundo.

Ao encontro de si mesmo
Cláudio Sinoti e Iris Sinoti

Um estudo cuidadoso de reconstrução do ser na identificação de si mesmo e na busca de um sentido existencial, a fim de melhor conviver com o outro, o seu próximo, de certo modo fator essencial da sua existência, com o coletivo e com todas as formas de vida.

Editores: *Luiz Saegusa* e *Claudia Zaneti Saegusa*
Direção Editorial: *Claudia Zaneti Saegusa*
Capa: *Mauro Bufano*
Projeto Gráfico e Diagramação: *Mauro Bufano*
Fotografia de Capa: *Stock Adobe - Yaroslav*
Revisão: *Rosemarie Giudilli*
5ª Edição: *2024*
Impressão: *Lis Gráfica e Editora*

Esta obra foi editada anteriormente com o mesmo conteúdo e título.

Rua Lucrécia Maciel, 39 - Vila Guarani
CEP 04314-130 - São Paulo - SP
11 2369-5377 (11) 93235-5505
letramaiseditora.com - facebook.com/letramaiseditora

Dados Internacionais de Catalogação na Publicação (CIP)
(Câmara Brasileira do Livro, SP, Brasil)

Salles, Adeilson
 Inimigo íntimo / Adeilson Silva Salles. --
3. ed. -- São Paulo : Intelítera Editora, 2023.

ISBN: 978-65-5679-039-8

1. Autoajuda 2. Ansiedade 3. Comportamento humano 4. Conflitos 5. Emoções 6. Equilíbrio 7. Medo I. Título.

23-164607   CDD-158-1

Índices para catálogo sistemático:

1. Auto-ajuda   158-1

Eliane de Freitas Leite - Bibliotecária - CRB-8/8415

Para receber informações sobre nossos lançamentos, títulos e autores, bem como enviar seus comentários, utilize nossas mídias:

- letramaiseditora.com.br
- atendimento@letramaiseditora.com.br
- youtube.com/letramaiseditora
- instagram.com/letramais
- facebook.com/letramaiseditora

Redes sociais do autor:
- youtube.com/ Adeilson Salles
- instagram.com/adeilsonsallesescritor
- facebook.com/adeilson.salles.94

Esta edição foi impressa pela Lis Gráfica e Editora no formato 140 x 210mm. Os papéis utilizados foram Chambril Avena 70g/m² para o miolo e o papel Cartão Ningbo Fold 250g/m² para a capa. O texto principal foi composto com a fonte Sabon LT Std 13/18 e os títulos com a Serlio LT Std 26/30.